莫萨营销沟通情景对话系列

服装销售人员
超级口才训练
（实战升级版）

王 宏◎著

人民邮电出版社

北 京

图书在版编目（CIP）数据

服装销售人员超级口才训练：实战升级版 / 王宏著
. -- 2版. -- 北京 : 人民邮电出版社，2019.1
（莫萨营销沟通情景对话系列）
ISBN 978-7-115-50104-2

Ⅰ. ①服… Ⅱ. ①王… Ⅲ. ①服装－销售－口才学
Ⅳ. ①F768.3②H019

中国版本图书馆CIP数据核字(2018)第252480号

内 容 提 要

好口才才能有效说服客户，好口才才能带来好业绩。具备有效的沟通技能和良好的口才，对服装销售人员来说尤为重要。本书针对服装销售人员在销售过程中可能遇到的问题，在对顾客的行为和心理进行分析的基础上，展现了可能出现的 100 个销售情景，详细阐述了服装销售人员在与顾客沟通的过程中可能会用到的技巧和方法，是一本提升服装销售人员沟通能力和帮助服装销售人员顺利完成交易的实用手册。

本书适合服装卖场、品牌服装专卖店、个体服装店等零售终端的销售人员和销售管理者阅读，也适合培训师使用。

◆ 著　王　宏
责任编辑　庞卫军
责任印制　焦志炜

◆ 人民邮电出版社出版发行　　北京市丰台区成寿寺路 11 号
邮编 100164　电子邮件 315@ptpress.com.cn
网址 https://www.ptpress.com.cn
涿州市般润文化传播有限公司印刷

◆ 开本：700×1000　1/16
印张：14.5　　　　　　　　　2019 年 1 月第 2 版
字数：200 千字　　　　　　　2025 年 3 月河北第 25 次印刷

定　价：59.00 元

读者服务热线：（010）81055656　印装质量热线：（010）81055316
反盗版热线：（010）81055315

前　言

　　服装销售人员的工作就是向顾客传递美丽与爱心。面对不同的顾客，服装销售人员如何把美丽与爱心传递给他们，如何既让顾客买到称心如意的衣服又使自己的销售业绩得到提高，与顾客进行有效的沟通是最直接的方法。服装销售人员每天的工作归根结底就是以各种方式与顾客进行沟通。

　　面对不同类型的顾客、顾客提出的不同问题、不同顾客对同一问题所表现出的不同行为，服装销售人员该如何应对呢？

　　本书针对服装销售人员在销售过程中需要解决的 8 类问题，以"五位一体"的内容结构形式，将服装零售终端常见的 100 个销售情景一一展现出来，并给出了相应的解决方案。

　　8 类问题：顾客进店、挖掘需求、穿着问题、品质疑虑、价格异议、促销优惠、促成交易、售后服务。

　　100 个情景：详细描述每一类问题可能出现的各种情景，每一种情景都是一个问题点。

　　五位一体：本书针对每一种销售情景，从顾客的行为和心理出发，给出服装销售人员的应对和沟通技巧，同时提醒其可能出现的错误，帮助服装销售人员应对销售过程中可能出现的各种问题，进而提升服装销售人员的沟通能力。

　　"情景描述"板块：对顾客所说、所做、所问进行详细描述和列举。

　　"行为分析"板块：根据顾客所说、所做、所问，对其心理进行分析，以使服装销售人员采取适当的应对办法。

　　"话术模板"板块：针对顾客可能出现的心理，给出相应的话术模板和沟通技巧，并且分析这么说、这么答、这么做的原因与好处。

"错误提醒"板块：指出服装销售人员所说、所做、所问可能出现的错误，并且给出错误原因解析。

"技巧运用"板块：总结针对每一种销售情景服装销售人员应掌握的沟通技巧。

本书呈现的100个销售情景为服装销售人员全程演绎了销售的整个过程，再现了优秀的服装销售人员解决顾客提出的各种问题及同一问题在不同场景中的沟通技巧，是服装销售人员全面学习沟通技巧的经典教材。

需要提醒的是，书中提供的销售情景和呈现的具体问题，有的可以直接运用于具体的销售过程中，有的则需要根据实际情况变通使用，切不可生搬硬套。

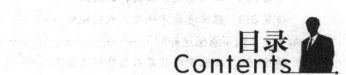

目录
Contents

Chapter 1

第 1 章

顾客进店这样聊

◆ 某位老顾客再次光临服装店

◆ 顾客进店后直奔某款服装

◆ 顾客在某件衣服前驻足细看

◆ 顾客主动询问服装的某些细节

◆ 我只是随便看看，不用管我

◆ 我自己会看，不要向我推销

◆ 向顾客打招呼，他一言不发

◆ 顾客进店转了一圈后要离开

◆ 顾客与同伴一起走进服装店

◆ 老幼病残孕等特殊顾客进店

◆ 营业高峰，顾客因被慢待而不满

销售人员在推销产品时首先要推销自己，这一点对于服装销售人员来说尤为重要。服装销售人员的着装、仪容、举止都是无声的语言，会影响顾客对其及其所推荐服装的认同与信任。

　　购物也好，闲逛也罢，人们都希望有一个愉快的经历与体验。服装销售人员大方得体的举止、富有美感的妆容、热情自信的精神面貌、专业而有礼貌的服务，将会给顾客留下一个好印象。顾客心情好，服装销售人员的销售业绩才有可能提高。

　　服装销售人员应具备哪些礼仪常识呢？具体如图1-1所示。

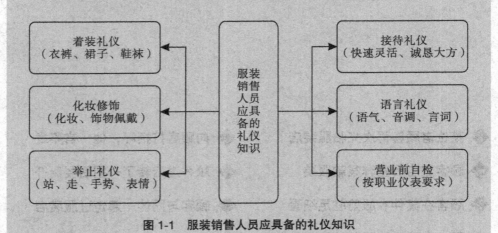

图1-1　服装销售人员应具备的礼仪知识

第1节　主动询问这样聊

情景001　某位老顾客再次光临服装店

情 景描述

　　顾客 A 经常在某服装店买衣服，今天刚好路过该店门口，他心想：这家店不错，好久没来了，不知道有没有合适我的服装。于是，顾客 A 走进了服装店……

行 为分析

　　老顾客对于服装店的重要性不言而喻，因为他们在服装店有过购买经历，所以对该店有一定的了解，与新顾客相比，他们有可能会再次购买，并且会把自己的购买体验告诉亲朋好友，所以老顾客是服装店的一种资源。

　　作为老顾客，他们希望自己能得到服装销售人员更多的关注和重视，希望在服装店里找到归属感。所以，服装销售人员要尽量给予老顾客更多的关注。

话 术模板

　　话术模板1　"李小姐，欢迎光临！好久没见您了，您还是这么漂亮！对了，您上次说想买一件合适的连衣裙，我们前几天进货时拿到了一款，您要不要试试呢？"

　　※ 记得老顾客的姓名及其之前购物时提出的需求，会使老顾客充分感受到自己被重视。

　　话术模板2　服装销售人员正在为 A 顾客服务，这时 B 顾客进店。服装销售人员对 A 顾客说："对不起！请稍等，我马上就过来。"然后一边走向 B 顾客一边大声说："张先生，您来了，好久不见您了！"接着走到 B 顾客身边小声说："您先随意挑选，我招呼完那位顾客马上就过来。"

　　※ 尽管服装销售人员在忙着招呼其他顾客，但仍然对老顾客热情有加，并且通过小声地说话增进与老顾客之间的亲密感，这样更能使老顾客对服装销

售人员充满信任感。

😞 错误提醒

错误提醒1 "您好，欢迎光临！"
※ 对老顾客的态度太平淡，和对待新顾客没什么区别，会让老顾客感到很失落。

错误提醒2 "李小姐，您好久没来了呀，今天打算买什么呢？"
※ 表述太直接，好像双方之间仅仅是交易的关系，这样很难让服装销售人员和老顾客之间的关系升温。

错误提醒3 "王先生，您来了，请随便看看，有需要的时候叫我。"
※ 表述太随意，会让老顾客感觉被怠慢。

技 巧运用

技巧运用1 服装销售人员要对顾客的资料进行管理，在老顾客进店时务必正确叫出其称谓，这样可以给老顾客一种亲切感，表示你并没有忘记他。

技巧运用2 服装销售人员接待老顾客的关键是真诚地为对方着想，站在对方的角度思考问题，以朋友的身份与其沟通，不要为了销售业绩而阿谀奉承对方，那样会让对方心生厌恶。

技巧运用3 对于老顾客，服装销售人员应留意平时与其谈话的内容，因为这其中可能包含他们的购买需求。服装销售人员也可以在迎接老顾客时直接把能够满足其需求的服装推荐给他们，这本身也是为其着想的一种体现。

情景002 顾客进店后直奔某款服装

情 景描述

某服装店正在营业中，一位顾客从外面走进来，他目不斜视，直接朝着一款羊毛衫走过去……

行 为分析

顾客走进服装店后直奔某款服装走过去，出现这种情况的原因可能有以下两个，如图 1-2 所示。

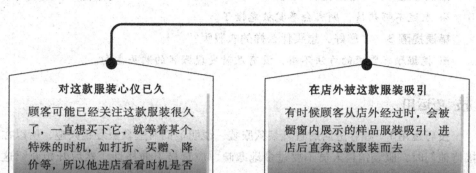

对这款服装心仪已久

顾客可能已经关注这款服装很久了，一直想买下它，就等着某个特殊的时机，如打折、买赠、降价等，所以他进店看看时机是否到了

在店外被这款服装吸引

有时候顾客从店外经过时，会被橱窗内展示的样品服装吸引，进店后直奔这款服装而去

图 1-2　顾客直奔某款服装的原因

无论顾客是出于哪种原因直奔某款服装而去，他购买这款服装的可能性都非常大，这样的顾客属于优质的意向顾客，服装销售人员应该在合适的时机打开话题，礼貌地向顾客介绍这款服装。

话术模板

话术模板 1　"小姐，您真识货，这款毛衣今年很流行，而且是羊毛的，您摸摸看，手感很好。"

※ 直接向顾客介绍服装的优点，增加服装对顾客的吸引力。

话术模板 2　"先生，您眼光真好，这款羽绒服今年卖得非常好，最近我们店又在做促销活动，这款羽绒服打八折，现在买很划算，您穿上试一下吧。"

※ 向顾客介绍服装正在做促销活动，暗示对方现在买比较划算，并引导顾客试穿。

话术模板 3　"小姐，您眼光确实非常好，这条裙子是我们店里卖得最好的一款了，它除了款式比较时尚外，您知道最大的优点是什么吗？"

※ 以提问的方式激发顾客的兴趣。

错误提醒

错误提醒 1　"您是不是想买这件衣服？"

※ "买"字比较敏感，会让顾客感觉有支付压力。

错误提醒2 "您要是喜欢的话，可以试试。"

※ 表述不够热情，顾客会感觉被怠慢了。

错误提醒3 "您好，想买什么样的衣服呢?"

※ 挖掘顾客需求的方法不当，没有及时发现顾客的购买意向。

技 巧运用

技巧运用1 顾客进店后直奔某款服装，说明他们对这款服装感兴趣，所以在接待他们时，服装销售人员不要过多地寒暄，应直接上前搭话，然后开始介绍这款服装。

技巧运用2 针对这类顾客，服装销售人员在介绍有关服装的信息时可按照如图1-3所示的步骤组织话语。

步骤1 与顾客寒暄	步骤2 介绍服装的优点	步骤3 介绍优惠措施	步骤4 引导体验
服装销售人员在与顾客搭话时，首先应与其寒暄，如夸赞顾客的眼光非常好等	介绍服装的优点，也可以用提问的方式激发顾客的兴趣	如果该服装目前有优惠措施，可以直接告诉顾客，使销售快速过渡到中后期阶段	顾客选购服装时的体验和试穿感受非常重要，服装销售人员应在简单介绍完服装的基本信息后引导顾客试穿

图1-3 服装销售人员介绍服装的步骤

针对图1-3所示的四个步骤，服装销售人员应根据实际情况进行操作，适当的时候可省略某些步骤。

情景003 顾客在某件衣服前驻足细看

情 景描述

某服装店内，服装销售人员都在忙着招呼店内的顾客。这时，一位年轻的女士走进店里，看着橱窗里一款款精美的服装。突然，有一款服装让她眼前一亮，于是她驻足细看……

行 为分析

给顾客一个自由轻松的购物环境也是促进销售的一种方法，因为有些顾客在选购服装时考虑的因素可能比较多，其中有些因素顾客很容易就能够了解到，而有些因素则需要顾客深入研究，还有一些因素（如价格、品牌）则因人而异（具体如图 1-4 所示）。

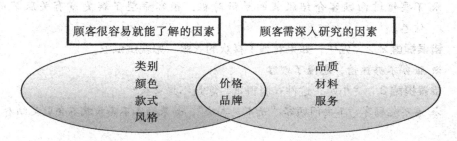

图1-4　顾客选购服装时考虑的因素

顾客走进服装店，有些人喜欢独立思考、独自挑选服装，不需要服装销售人员的介绍服务。而此时如果服装销售人员对刚进店的顾客迅速展开打招呼、挖掘需求、介绍服装等一系列服务，就会打扰到他们，给他们带来压力，这种做法是不可取的。

顾客在选购服装的过程中，会先从容易了解的因素出发，把自己不感兴趣的服装过滤掉。所以，当某款服装在类型、颜色、款式、风格（有时候还有品牌和价格）等方面吸引了顾客时，他就会停下脚步，仔细了解有关服装的其他信息。

一般来说，顾客会在很短的时间内了解一下自己最关心的因素，如果这些因素都基本符合自己的要求，他就会认真地研究这件衣服；否则，他就可能摇头而去。所以，当顾客在某款服装前驻足时，服装销售人员一定要注意观察，如果发现顾客对某件衣服感兴趣，就应走过去礼貌地招呼顾客，进行推介服务。

话 术模板

话术模板 1　"小姐，您好，您看的这条连衣裙是今年的新款，最近卖得特别好。您看，它的款式设计得非常时尚，穿起来也很舒服，您穿上试一下吧。"

※ 礼貌地招呼完顾客后立刻开始向其介绍服装，顾客在选购服装时的体验感受非常重要，针对顾客感兴趣的服装，服装销售人员可以直接让顾客试穿。

话术模板 2　"小姐，您的眼光真不错，这款风衣是我们店里卖得最好的一

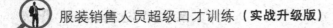

款，这种款式和这个颜色今年都很流行，而且质量非常好，穿久了也不会变形，我拿下来您试试吧！"

※ 礼貌地招呼顾客，夸赞顾客眼光不错，然后介绍服装的优点并引导顾客体验。

😞 错误提醒

错误提醒1 不理睬顾客。

※ 不要错过向顾客介绍服装的最好时机，顾客希望了解更多有关服装的信息。

错误提醒2 "先生，如果看到了喜欢的衣服，您就试试吧。"

※ 服务不够热情，怠慢了顾客。

错误提醒3 "小姐，这件衣服很贵，您是不是喜欢？"

※ 看不起顾客，不要问顾客"是不是喜欢"，如果顾客不喜欢就不会驻足细看。

技 巧运用

技巧运用1 服装销售人员一定要注意观察，当有顾客在某款服装前驻足细看时，说明他对这款服装感兴趣，服装销售人员要在合适的时机礼貌地上前招呼顾客，简要地向其介绍这款服装的优点，然后直接引导顾客体验。

技巧运用2 服装销售人员要把握好招呼顾客的时机，一般来说，如果顾客在挑选服装的过程中突然认真起来，如站在某款服装前仔细观看、伸手去摸，那么他一定是对这款服装产生了兴趣，这时就是招呼顾客的最好时机。

情景004 顾客主动询问服装的某些细节

情 景描述

一位顾客走进服装店，他慢慢地挑选着店里的服装，突然看见墙上挂着的一件黑色的毛衣，于是就问："这件毛衣的价格是多少？"

行 为分析

顾客进店后会先简单地浏览一下店里的服装，当一款服装的某个方面吸引了他时，他就会驻足细看，想要了解有关这款服装的其他信息，这时顾客就可能会求助于服装销售人员，询问关于这款服装的某些细节（如价格、品质、材料等）。

　　一般来说，这时候顾客提出的问题都是他们非常关心的，对其购买决策有很大的影响，他们希望服装销售人员友善地给予明确的回答。

话术模板

　　话术模板 1　（顾客询问服装的价格）"小姐，您好！这条牛仔裤原价 280 元，我们现在做促销，打五折，只需 140 元。您买不买都没有关系，我拿下来，您试试吧！"

　　※ 礼貌地招呼顾客，清楚说明售价，以"买不买都没有关系"的话语安抚顾客的情绪，然后引导顾客体验。

　　话术模板 2　（顾客询问服装的品质）"先生，您的眼光真好，这款羽绒服是我们店里卖得最好的一款！您放心吧，质量绝对没问题，这是××牌子的，而且我们店承诺 15 天内无条件退换，您买完如果发现有任何问题，都可以在 15 天之内找我们退换货，您试试吧？"

　　※ 称赞顾客的眼光好，并说明服装的质量非常好，让顾客放心。

　　话术模板 3　（顾客询问服装的材料）"先生，您好，这款 T 恤是 100% 纯棉的，又吸汗又柔软，穿着非常舒服。您试试吧？"

　　※ 明确告诉顾客服装的材料，并说明该材料的优点，以此吸引顾客。

　　话术模板 4　（顾客询问售后服务问题）"小姐，您好，我们店有 15 天无条件退换货服务，如果您买了这条裤子，回家后发现有任何问题，只要在 15 天之内拿过来，我们马上就为您换货或退款。"

　　※ 清楚地说明售后服务情况，语气要热情、诚恳。

　　话术模板 5　（顾客询问服装的品牌）"先生，这个品牌是今年刚上市的新品牌，但是您放心，质量绝对没问题，而且这个品牌的衣服设计得都很时尚，性价比也很高。"

　　※ 礼貌地解答顾客的问题，并介绍该品牌的优势。

错误提醒

　　错误提醒 1　（顾客询问服装的价格）"158 元，打八折！"

　　※ 容易让顾客产生疑问，不知道 158 元是打折前还是打折后的价格。

错误提醒2　（顾客询问服装的品质）"放心吧！不信你用手撕一下，撕破了不用你赔！"

※ 服装销售人员说话不分场合，会让顾客觉得不可信。

错误提醒3　（顾客询问服装的材料）"这件衣服啊，棉和涤纶的吧！"

※ 回答得不清楚、不具体。

错误提醒4　（顾客询问售后服务问题）"放心吧，买完如果有问题来找我，包退！"

※ 没有说明问题，会让顾客觉得服装销售人员不可信。

错误提醒5　（顾客询问服装的品牌）"这好像是国外的一个品牌吧，我也没见过。"

※ 服装销售人员不专业，对服装品牌不熟悉。

技 巧运用

技巧运用1　如果服装销售人员之前没有与顾客打招呼，顾客直接询问某款服装的某个细节时，服装销售人员要非常热情、礼貌地招呼顾客，给顾客留下一个良好的印象。解答顾客疑问时要清晰、明确，因为这些问题都是顾客非常关心的。

技巧运用2　服装销售人员在回答顾客的问题时要实话实说，不要说一些模棱两可甚至有歧义的话语，那样会让顾客觉得这家服装店不可信。

第2节　主动激活这样聊

情景005　我只是随便看看，不用管我

情 景描述

某服装店内，一位顾客走了进来，服装销售人员迎了上去并说："欢迎光临！先生，您好！您想买什么样的服装，我帮您介绍一下吧？"顾客却冷冷地说："我只是随便看看，不用管我。"

行 为分析

在服装销售过程中，这种情况很常见，当服装销售人员热情地向顾客打招呼并表示要为其服务时，顾客却拒绝了，表明自己"只是随便看看"。顾客这么做可能有以下三方面的原因，如图1-5所示。

顾客没有购买计划，不想浪费服装销售人员的时间，或者怕接受了服务后不好意思拒绝购买

害怕被服装销售人员"忽悠"，导致他不能独立思考和选择服装

顾客的购物习惯使然，喜欢独立挑选、思考，享受购物的乐趣，不想被打扰或当时的心情不好

图1-5 顾客拒绝服装销售人员的服务的原因

无论顾客存有以上哪种心理，都表明此时他不需要服装销售人员的帮助，所以服装销售人员不应再打扰，应让顾客自由选择，等到他被某款服装吸引时，自然会需要服装销售人员的帮助。

话 术模板

话术模板1 "好的，小姐，请您随意挑选，需要的时候请随时叫我，我会尽我所能为您提供服务。"

※ 给顾客想要的自由，并且表示自己会在顾客需要时提供最好的服务。

话术模板2 "小姐，买不买没关系，您先随便看看，了解一下我们的服装。您先看看我们店的最新款……"

※ 以轻松的语气缓解顾客的心理压力，然后简单介绍本店服装的一些特点，再通过提问的方式引导顾客回答问题，从而了解顾客的购买需求。

☹ 错误提醒

错误提醒1 "没关系，你想买什么就告诉我，我帮你参谋参谋，这对你又不是什么坏事。"

※ 不要把自己的想法强加于顾客。

错误提醒2 "没关系，反正我也闲着，正好给您介绍一下我们店里的服装。"

※ 没有从顾客的角度出发思考问题。

错误提醒3 "那您慢慢看吧！"

※ 对顾客不礼貌。

技 巧运用

技巧运用1 当顾客表示"只是随便看看，不要管我"时，服装销售人员首先应该尊重顾客的意愿，答应顾客不再"打扰"他，同时用积极的话语欢迎顾客随意挑选，并且表示自己非常愿意为他提供优质的服务。

技巧运用2 在顾客随意挑选时，服装销售人员要注意观察，发现顾客有需求时应及时出现在顾客的面前，不要顾忌他之前的"拒绝"。

技巧运用3 服装销售人员还可以在认同顾客的前提下，以轻松的语气缓解顾客的心理压力，主动向其介绍服装，然后通过提问的方式了解顾客的购买需求并引导顾客进一步了解服装，如果顾客愿意回答问题或愿意跟着服装销售人员的思路走，则可以继续挖掘顾客的购买需求，使销售过程顺利进行。

情景006　我自己会看，不要向我推销

情 景描述

服装销售人员向顾客打招呼，并表示要给顾客提供服务时，顾客却这样回应说："我自己会看，不要向我推销！"

行 为分析

在销售服装的过程中，上述情景很常见，这可能是因为服装销售人员过分热情造成的。

有很多服装销售人员为了提高自己的销售业绩，工作热情、情绪高涨，希望能劝服每一位顾客购买服装，岂不知"欲速则不达"，太注重短期效益的盲目劝购会让顾客对服装销售人员产生不信任感，使得他们宁愿自己慢慢看也不愿意接受

服装销售人员的服务，因为这样的服务对他们来说已经成为了一种"打扰"。

顾客心中最好的服务应该是"若有若无"的，即当顾客不需要服务的时候，服装销售人员仿佛根本不存在；而当顾客需要服务的时候，服装销售人员能马上出现并热情地为其服务。

话术模板

话术模板1　"对不起，打扰您了，请您随意挑选，有需要的时候请随时叫我，我会尽力为您服务的。"

※ 友善地向顾客道歉并表示不再打扰顾客，但仍然愿意为顾客提供最好的服务。

话术模板2　"没问题，先生。买不买没关系，您可以先看看我们店里的衣服，多了解一下我们的服装品牌，请问您平时喜欢穿哪种风格的衣服？"

※ 一句"买不买没关系"可以缓解顾客内心的压力，然后将顾客拒绝服务的借口变成说服顾客的理由。

错误提醒

错误提醒1　"我没有想向您推销，只是问问您想买什么样的衣服，好给您介绍一下。"

※ 在与顾客交流的过程中出现争执时，不要和顾客争辩，这样对服装销售和服装店都不利。

错误提醒2　"那好吧，不打扰您了！"

※ 表述过于平淡，不够诚恳。

错误提醒3　"哦，那您随便看吧！"

※ 这样的表述会让顾客误认为服装销售人员对其不满，对销售和服装店不利。

技巧运用

技巧运用1　顾客说"我自己会看，不要向我推销"时，服装销售人员要视具体情况做出不同的回应。如果顾客的语气很重，说明服装销售人员的服务对他来说可能是一种打扰，此时服装销售人员不要再打扰顾客，并且礼貌友善地向顾客道歉，但表示仍然愿意为对方提供最好的服务，用诚意打动顾客。如果顾客说话的语气较轻则可能是其拒绝服务的借口，这时服装销售人员就要想办法将这一借口变成自己接近顾客的理由，将销售过程向好的方向推进。

技巧运用2 服装销售人员要在工作中培养自己的洞察力，争取为顾客提供"若有若无"的服务，即在顾客需要的时候及时出现，为顾客提供服务；在顾客不需要时，绝不打扰顾客，这样才是最好的服务。

情景007 向顾客打招呼，他一言不发

情 景描述

服装销售人员向刚进店的顾客打招呼，可顾客一言不发，甚至看都不看服装销售人员一眼，继续往前走……

行 为分析

之所以出现上述情况，可能出于以下两个原因，具体如图1-6所示。

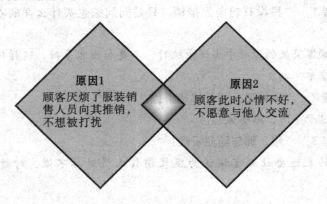

原因1
顾客厌烦了服装销售人员向其推销，不想被打扰

原因2
顾客此时心情不好，不愿意与他人交流

图1-6 顾客一言不发的原因

可以看出，此时顾客一言不发可能是因为他对服装销售人员有成见或心情不好。

话 术模板

话术模板1 "这位先生，对不起！一定是我哪里做得不好让您不高兴了，

我觉得您买不买都没有关系，出来购物开心才是最重要的，您说对吗？"

※ 用真诚打动顾客，让他开口。

话术模板2 "先生，请您随意挑选，需要的时候随时叫我，我会尽全力为您服务！"（然后注意观察顾客，当发现顾客对某款服装感兴趣时，走上前再次打招呼并幽默地说："刚才您都不搭理我，让我很尴尬。"这样不但可以消除之前的尴尬，还能让顾客心生歉意，有利于接下来的销售。）

※ 保持正常的心态，让顾客自由挑选，在适当的时机再上前招呼顾客。

😞 错误提醒

错误提醒1 不理睬顾客。

※ 不能有效化解尴尬气氛。

错误提醒2 "先生，为什么您不说话？"

※ 有质问顾客的意味。

技 巧运用

技巧运用1 当服装销售人员向顾客打招呼，顾客却一言不发甚至不理睬服装销售人员时，服装销售人员可以用诚意打动顾客；也可以让顾客随意挑选，然后选择适当的时机上前打招呼，为顾客服务。

技巧运用2 当服装销售人员向顾客打招呼却遭到对方的忽视时，服装销售人员要保持良好的心态，这种事情在销售过程中很常见，不能因此觉得尴尬或对顾客有怨气，应体谅对方，站在顾客的角度思考问题。

情景008 顾客进店转了一圈后要离开

情 景描述

某服装店内，一位顾客进店后转了一圈，粗略地看了一下店内的服装后，转身便要离开……

行 为分析

　　顾客进店后直奔某件服装的情况比较少见。通常情况下，人们会在商场闲逛时发现令自己比较心动的服装，然后买下它，所以每一个进店闲逛的顾客都是潜在的优质顾客。这时，服装销售人员不妨礼貌地留住他们，挖掘他们的需求，向他们推荐合适的服装。

话 术模板

　　话术模板1　"这位先生，请您留步！您想看哪一类服装？也许我可以向您介绍一下，您买不买没关系，我带您看一看吧？"

　　※ 真诚地请求顾客留下，然后挖掘顾客的购买需求。

　　话术模板2　"小姐，请留步，我们那边有几款刚到店的裙子，款式非常好看，我带您看看吧？您买不买没关系，可以先看看。"

　　※ 直接向顾客推荐服装。服装销售人员可以用"欣赏好看的服装本身就是一
　　　种乐趣"作为借口接近顾客、打开话题，即使发现顾客并不喜欢这些服
　　　装，也为接下来的沟通赢得了机会。

错误提醒

　　错误提醒1　不理睬顾客。

　　※ 这是最常见的一种错误应对方式，服装销售人员如果有空闲，不应该轻易
　　　让每一位顾客空手离开。

　　错误提醒2　"你先别走，到底想买什么呀？"

　　※ 表述太直接，不够诚恳。

　　错误提醒3　"等一下，我们那边有一款羽绒服绝对适合你，我带你去看看吧？"

　　※ 表述太绝对。

技 巧运用

　　技巧运用1　顾客在逛服装店的时候往往因为目标性不强、太粗略等原因，把最适合他们的服装漏掉。所以当顾客准备离开时，服装销售人员应以诚恳的态度

留住他们，进而挖掘他们的购买需求（询问顾客需要哪方面的服装）。也可直接向顾客推荐某款服装，因为欣赏好看的服装本身就是一种享受，即使顾客并不喜欢，也可以借此打开话题，探寻顾客的购买需求，激发其购买的欲望。

技巧运用2 向顾客推荐服装时的表述不能太绝对，不要肯定地说某款服装非常适合顾客、顾客一定喜欢等，如果顾客的意见相反，可能会导致他对服装销售人员产生极大的不信任。

第3节　特殊顾客这样聊

情景009　顾客与同伴一起走进服装店

情 景描述

某服装店内，几名服装销售人员在店内忙碌地工作着，这时门口出现了一对年轻的情侣，他们手挽着手走进了服装店……

行 为分析

事实上，大多数情况下都是家人或朋友一起来服装店选购服装，他们可能有不同的购买目标，但都非常重视彼此的意见。其中一个人如果看中了某款服装，同行者一般都会提出自己的意见，这个意见对顾客最后的购买决策有很大的影响。

一般来说，如果同行者对同一件服装的感觉都比较好，这将促使顾客下决心购买；而如果有同伴提出反对意见，则容易让顾客怀疑自己的眼光，从而放弃购买。所以对于结伴而来的顾客，服装销售人员应给予他们同等的尊重与关注，否则一旦引起其中一个人的不满，就可能导致销售失败。

话 术模板

话术模板　"你们好！欢迎光临××品牌服装店，看你们有说有笑的，今天出来购物一定很开心吧！你们想看哪种类型的服装呢？"

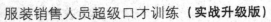

※ 礼貌地向顾客及其同伴打招呼，能够有效拉近服装销售人员与顾客及其同行者之间的距离。

😞 错误提醒

错误提醒1 "这位小姐，您好！我们店新到货的××很适合您。"

※ 盲目向顾客推荐服装，忽视了其同伴，会引起同伴的不满。

错误提醒2 "小姐，这边请！先生，您可以先去那边休息一会儿。"（某女装店）

※ 尽管不是产品的使用者，但他的意见可能会对顾客的购买决策产生重要的影响，所以不能把他排除在外。

错误提醒3 "几位好，你们想看什么类型的服装呢？"

※ 态度平淡。

错误提醒4 "你们好！是哪位打算买衣服呢？"

※ 顾客购买服装一般都是冲动性消费，所以不要追问到底是哪位顾客有购买计划。

技 巧运用

技巧运用1 当几位顾客结伴进店时，服装销售人员应向他们表示欢迎，不要厚此薄彼，因为一旦引起其中任何一个人的不满都可能导致销售失败。

技巧运用2 向结伴而行的顾客打完招呼之后，服装销售人员应与其适当寒暄，这能有效拉近双方的距离。通常，对结伴的顾客进行赞美要比赞美单独的顾客效果更好，因为和同伴在一起时，人们会在意自己的形象和其他人对自己的看法，服装销售人员要明白并善于利用这一点。

技巧运用3 有时候，服装销售人员还要善于利用结伴而来的几位顾客之间的关系。例如，母女二人一起走进服装店时，某服装销售人员迎上去说："欢迎光临，两位美女……"暗示那位母亲保养得好，显得年轻。当然这个方法并不是任何时候都适用。服装销售人员要善于学习，在工作中总结招呼不同顾客组合的方法。

情景 010　老幼病残孕等特殊顾客进店

情 景描述

在实际工作中，服装销售人员经常需要接待一些"特殊顾客"，这里所说的"特殊顾客"，指的是老幼病残孕，他们中有些人没有独立行动的能力，可能会在别人的陪伴下进入服装店选购服装。

行 为分析

老幼病残孕顾客属于弱势群体，如果服装销售人员能够对他们多一些关爱，让他们感受到温暖，他们自然会对服装店和服装销售人员产生好感，这将有助于销售的顺利进行。

话 术模板

话术模板 1　年轻的妈妈带着小孩进店时，服装销售人员可以说："欢迎光临××服装店！"然后蹲下，平视着小朋友说："哇！小朋友穿得好漂亮呀，你怎么这么可爱呀！"

※ 夸赞小孩的同时也夸赞了他们的父母。

话术模板 2　"欢迎光临！大爷，您气色可真好！小心点，地滑，我们刚擦过地板。"

※ 接待老年顾客时可以夸赞他们气色好、精神好，并且在适当的时候给他们
　 一些实实在在的关照。

话术模板 3　"非常欢迎，您里边请！先生，我扶您一把。"

※ 对于病残的顾客，服装销售人员要及时给予他们帮助。

话术模板 4　"大姐，里边请！都说女人在怀孕期间是最幸福的，看看您就知道这句话是真的。您想看什么类型的服装呢？"

※ 服装销售人员可以对怀孕的顾客加以赞美，并在她们需要的时候给予
　 帮助。

😞 错误提醒

错误提醒1 "大姐，请看好小朋友，别让他乱跑。"

※ 对小孩不尊重，会引起父母的不悦。

错误提醒2 "大爷，地滑，小心摔着。"

※ 表述不礼貌，有嘲笑老年人的意味。

错误提醒3 "大爷，您气色可真好，看您这身体，说您40岁我都信！您的身体保养得这么好，肯定经常锻炼吧？"

※ 过度恭维，让人感觉虚情假意。

错误提醒4 "您腿脚不好，我扶着您。"

※ 触到了顾客的"伤疤"，会伤害顾客的自尊心。

错误提醒5 "大姐，您怀孕多长时间了？我猜肯定是个男孩吧？"

※ 不要随意猜测顾客怀的是男孩还是女孩，如果服装销售人员所说的跟顾客期望的相反，会引起对方的不悦。

技 巧运用

技巧运用1 对于"特殊顾客"，服装销售人员要多一些关爱，并在他们需要的时候给予适当的帮助，这会让他们的内心感到温暖，进而增加他们对你的信任与好感，这对销售有很大的帮助。但是，服装销售人员对"特殊顾客"的关爱也不能过度，否则会让他们觉得你在怜悯他们，进而引起他们的不悦。

技巧运用2 在对"特殊顾客"表示赞美时，真诚是最重要的，要有感而发，不要虚情假意地说很多客套话，否则会让顾客觉得你不可信。

技巧运用3 对于病残的顾客，服装销售人员应注意不要触及他们的"伤疤"，也不要表现出怜悯的态度。

情景011 营业高峰，顾客因被慢待而不满

情 景描述

正值服装店营业高峰时段，所有服装销售人员都在忙碌着。这时，有一位顾

客走进店内，他转了一圈后在一款黑色上衣前停了下来，他想了解一下关于这件上衣的信息，但是他喊了几声都没得到回应，于是心里感到非常不满……

行为分析

顾客走进服装店后，一般都想自己先随便逛逛，浏览一下店里的服装，不希望被打扰。但当他们对某件服装感兴趣时，就希望得到服装销售人员的帮助，如果很长时间没有得到回应，他们自然会感到生气。

话术模板

话术模板 1　"对不起，先生，请您不要生气，都怪我刚才太忙没有注意到您，非常抱歉，您的眼光非常不错，这款服装是……"

※ 诚恳地向顾客道歉，然后热情地向顾客介绍其看中的服装。

话术模板 2　（请正在被服务的顾客稍等，然后快速走到新顾客面前）"真是不好意思，大姐，今天店里顾客多，对您招待不周。这件衣服是今年的新款，现在正在促销，要不您先试试合不合身吧？"

※ 诚恳地向顾客道歉，然后引导顾客试穿，消除顾客的不满情绪。

错误提醒

错误提醒 1　"你先等会儿吧，我们这儿都忙着呢！"

※ 服装销售人员的服务意识不强，应站在顾客的立场上考虑问题。

错误提醒 2　"好了，我来了，你看中的这件上衣是 158 元……"

※ 没有平复顾客的不满情绪就介绍服装。

错误提醒 3　"对不起，这款服装……"

※ 表述太平淡，不能让顾客感受到服装销售人员的诚意。

技巧运用

技巧运用 1　因营业高峰时段服装销售人员太忙而忽视了顾客，引发对方不满，服装销售人员必须先诚恳地向顾客道歉，然后再为顾客提供服务。

技巧运用 2　服装销售人员在营业高峰时段要做到"接一顾二招呼三"，即接待先到的顾客，照顾后来的顾客，招呼刚进店的顾客。结合微笑、眼神、手势等身体语言，让顾客感受到服装销售人员的热情，从而争取更多的销售机会。尽量避免出现忽视顾客的现象，如果出现因为忽视了顾客导致其不满，服装销售人员要多使用"请您稍等片刻，我马上过来""不好意思，让您久等了""招待不周，请您原谅"等诚恳、礼貌的话语。

技巧运用3 在接待顾客时，服装销售人员要遵循以下四个原则，让顾客有一个轻松愉快的购物体验，如图1-7所示。

迅速

要求服装销售人员在工作中动作要迅速，不要让顾客等太久，或者可以通过其他方式转移顾客的注意力，让他们觉得等待时间很短

灵巧

服装销售人员在接待顾客的过程中，一定要手脚麻利，不要拖拖拉拉，从而影响顾客购物时的心情。如以熟练的动作包装商品、拿取货品等

接待服务
四原则

责任

责任比能力更重要。关注细节，从小处做起。服装销售人员在接待顾客、向顾客推荐服装时，一定要对顾客负责任，真正为顾客着想

诚恳

要求服装销售人员以真诚的态度工作，秉承尊重顾客、信守承诺、服务至上的服务理念

图1-7　接待服务四原则

Chapter 2

第 2 章

挖掘需求这样问

- 顾客想选购什么类别的服装
- 顾客选购服装时重点考虑哪些因素
- 顾客对哪些服装品牌有特殊偏好
- 顾客喜欢什么风格的服装
- 顾客想选购什么价位的服装
- 顾客喜欢什么款式的服装
- 顾客喜欢什么面料的服装
- 顾客喜欢穿什么颜色的服装
- 顾客买服装是自己穿还是送人
- 顾客只是想逛逛，还是今天就买
- 顾客说自己也不知道要买什么

在礼貌地迎接完顾客之后，服装销售人员就要挖掘顾客的购买需求。只有准确地掌握了顾客的购买需求，服装销售人员才能为顾客推荐合适的服装；也只有通过正确的引导才能让顾客的购买需求显现，让顾客意识到自己对服装的需求，才能促使交易的达成。

　　所以，一名优秀的服装销售人员必须学会在与顾客沟通的过程中挖掘顾客的购买需求。那么，通常顾客存在哪些购买需求呢？如图2-1所示。

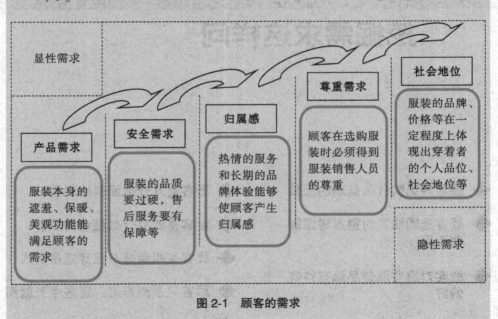

图2-1　顾客的需求

第1节 个人偏好这样问

情景012 顾客想选购什么类别的服装

情 景描述

某服装店正在营业中，一位顾客在店内转悠，他快速地浏览着店内的服装，在各个服装区都转了一圈，但似乎没有发现自己想要的服装……

行 为分析

服装店的布局一般是把同类别的服装摆放在一起，以便顾客选购。所以当顾客走进服装店后，他们习惯先找到自己比较感兴趣的服装类别，然后再一件件地仔细挑选，希望能够找到自己喜欢的服装。

而有的服装店布局或摆放比较乱，或者店内服装类别繁多，若不求助于服装销售人员，顾客就很难找到自己想要的服装。很多顾客也可能因此错过了自己感兴趣的服装，逛了一圈之后没有任何收获就离开了。

话 术模板

话术模板1 "您好，欢迎光临××服装店，您想看看哪一种类型的服装呢？买不买没关系，我给您介绍一下吧？"

※ 礼貌地询问顾客感兴趣的服装类别。这种方法适合招呼刚进店的顾客。

话术模板2 "您好，小姐，我们这边是男装区，那边是女装区，您想看哪一类服装呢，我给您介绍一下吧？"

※ 向顾客介绍店内的服装类别划分，然后询问顾客感兴趣的服装类别。这种方法适用于顾客逛了较长时间仍没发现感兴趣的服装时。

话术模板3 "这位先生，请留步！请问您想看哪一类服装？也许我可以给您介绍一些适合的，您买不买没关系，我带您看看吧？"

※ 诚恳请求顾客留下，询问其感兴趣的服装类别。这种方法适用于顾客在店内逛了一圈没有发现自己想要的服装而要离开的时候。

😞 错误提醒

错误提醒1　"你好，想买哪类衣服呢？我带你去看看。"

※ "买"字太敏感，并且有时顾客逛服装店的目的性并不强，所以服装销售人员的语言一定要委婉，否则会给顾客带来很大的压力。

错误提醒2　"小姐，你好，女装在那边，你从那儿过去吧！"

※ 在没有挖掘顾客需求之前，不要对顾客的需求主观臆断，也许她要买的就是男装呢。

技 巧运用

技巧运用1　服装店一般会把服装按照品类、用途等因素进行分类，把类别相同的服装摆放在一起。因此服装销售人员在挖掘顾客的购买需求时，首先应该弄清楚顾客想买哪一类服装，然后带顾客到指定的服装区域，再根据其他条件向顾客推荐适合的服装。

技巧运用2　服装销售人员在挖掘顾客对服装类别的需求时，一般应在如下几个时间点进行，如图2-2所示。

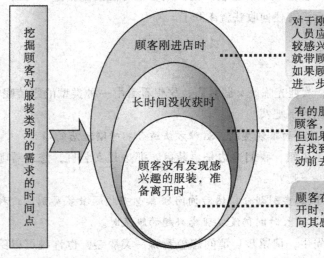

图2-2　挖掘顾客对服装类别的需求的时间点

技巧运用 3　很多顾客在逛服装店时并没有购买计划，他们只是抱着欣赏的态度来这里逛，然后在逛的过程中可能发现自己喜欢的服装进而购买。所以服装销售人员在询问顾客对哪类服装感兴趣时，语气要委婉，不要给顾客太大的压力，不要给顾客造成"不买衣服就不应该来这里逛"的感觉。

情景 013　顾客选购服装时重点考虑哪些因素

情 景描述

某服装店内，一位顾客进店后直奔某类服装区域，他一件件地查看各款服装并把多款服装放在一起进行比较……

行 为分析

顾客在选购服装时有时会挑花眼，看着这款也好，那款也不错。这主要是因为顾客对自己的需求不明确，看到很多服装摆在眼前时，很难做出选择。

这时候顾客就需要服装销售人员帮自己理清思路：购买该类服装应重点考虑哪些因素？各因素间的权重比例如何？然后给出建议，促使顾客做出决策。

不仅如此，如果在顾客刚进店时，服装销售人员就能够挖掘出顾客的购买需求，弄清楚顾客要买哪类服装，重点会考虑哪些因素，然后再有针对性地向顾客推荐服装，销售的达成也会容易许多。

话 术模板

话术模板 1　"小姐，您非常有眼光，您选中的这几款牛仔裤都很不错，您现在是不是有点犹豫，不知道该买哪一款？请您告诉我，在买衣服时您觉得哪些因素更重要，比如质量、品牌、面料、款式还是其他方面？"

※ 夸赞顾客的眼光，然后询问顾客更看重哪些因素，得到答案后再帮助顾客分析、选择。

话术模板 2　"先生，您眼光非常不错，您相中的这几款西装都非常好！其中这一款设计更时尚一些；这一款质量好、质地也不错；这一款穿着非常舒服，您更看重哪个方面呢？"

　　※ 分析几款服装的各自优势，然后询问顾客更看重哪个方面，把对服装的比较转化成对服装不同因素的比较。

　　话术模板3　服装销售人员："您好，小姐，欢迎光临××服装店，您想看看哪一类服装呢？"

　　顾客："我想买一件毛衣。"

　　服装销售人员："哦，太好了！我们店里的毛衣品种非常多，您更看重毛衣的品牌、面料还是外观？我好帮您推荐。"

　　※ 招呼顾客，然后直接询问顾客看重的因素。这种方法适用于服装店规模比较大、店内同类别的服装非常多的情况。

😞 错误提醒

　　错误提醒1　"哦，您要买毛衣啊，您最看重的是毛衣的质地、款式还是做工？"

　　※ 表述太突兀。

　　错误提醒2　"我们这几款牛仔裤都非常不错，您随便选一条吧。"

　　※ 服装销售人员不称职，服务不到位。

　　错误提醒3　"你挑了半天还是不知道要买哪件吗？"

　　※ 服务态度不礼貌，不能用这种口气和顾客说话。

技 巧运用

　　技巧运用1　如果顾客在服装店内挑花了眼，不知道该选哪件服装时，服装销售人员要及时出现，向顾客介绍各款服装的优劣势及询问顾客更看重的因素，促使顾客做出决策，成为顾客的"衣着顾问"。

　　技巧运用2　如果服装店规模比较大，店内同类别的服装又非常多，服装销售人员在顾客进店并向其打招呼时，就可以借机询问顾客更看重服装的哪些因素，以便及时引导顾客到能满足其购买需求的服装区域。

情景014 顾客对哪些服装品牌有特殊偏好

情 景描述

某运动服装专卖店内，一位顾客正在挑选货架上的运动鞋，他拿起一双鞋说："这双鞋看上去不错，可惜品牌不知名""这双鞋穿上一定很舒服，但这个品牌我没有听说过"或者"嗯，这双鞋质量还不错，肯定能穿很久，可这个品牌我没有听说过"……

行 为分析

作为服装的一个识别标志，品牌不仅代表着服装生产商的制作工艺、品质、服务质量等，还代表着穿着服装的人的个人品位、社会地位。所以，现在大多数顾客买服装时都有品牌偏好。对于他们来说，买知名品牌的服装，意味着可能有好的质量和良好的售后服务，穿上这样的服装显得自己比较有面子、有品位、有社会地位等。

对某些顾客来说，服装的品牌在一定程度上是其是否愿意购买的重要影响因素。所以，在进一步了解顾客的购买需求之前，服装销售人员应探知顾客对服装品牌的需求，如果顾客有品牌偏好，那么很多问题就会变得很简单。

话 术模板

话术模板1 "帅哥，您好，我们这里的运动装有很多品牌，您喜欢哪个品牌呢？"

※ 直接询问顾客关于品牌的偏好。

话术模板2 "先生，您好，我们这里的运动装有很多品牌，像××品牌的衣服款式比较时尚，而××品牌的衣服穿着比较舒服，××品牌的衣服质量非常好，您想先看看哪个品牌的衣服呢？"

※ 列举各个服装品牌的优点，然后再询问顾客有没有品牌偏好。

🙁 错误提醒

错误提醒1 "那家店的品牌比我们的差远了。"

※ 不要为了抬高自己而贬低竞争对手，要客观地分析各个品牌的优劣势，这样才能取得顾客的信任。

错误提醒2 "大品牌的衣服都比较贵，小品牌的就便宜多了，你是买大品牌的服装还是小品牌的服装呢？"

※ 不同品牌的服装其理念不同，不能简单地说哪个品牌好或差，而且这样也没有说清楚产品之间的真正差别在哪里。

技 巧运用

技巧运用1 大多数顾客都有服装品牌偏好，因此，服装销售人员可以在适当的时机直接询问顾客对品牌的偏好，也可以列举本店所售各个品牌的服装的优点，引导顾客选择。如果顾客对品牌非常看重或习惯购买某个品牌的服装，服装销售人员就不必再劝说顾客买其他品牌的服装。

技巧运用2 在对两个品牌进行比较时，服装销售人员要做到客观、中肯，不要简单地用"好"和"差"来概括，尤其当顾客提出比较喜欢竞争对手的品牌时，服装销售人员要尊重顾客的看法，承认竞争对手的优点，然后再客观分析己方的优势，拿出有力的证据赢得顾客的信任。

情景015 顾客喜欢什么风格的服装

情 景描述

某服装店内，一位顾客走了进来，他快速地浏览着店里的服装，一边看一边说："我不喜欢这种风格的服装！"然后摇了摇头，又向另一个服装区域走去。

行 为分析

服装风格是指一个时代、一个民族、一个流派或一个人的服装在形式和内容方面所显示出来的价值取向、内在品格和艺术特色。对于大多数顾客来说，服装风格是一个比较模糊的概念，有时他们并不能确定眼前的服装属于什么风格。但是，针对某件服装，他们一眼就能看出是不是自己喜欢的风格。所以服装销售人员应了解顾客对服装风格的喜好，这样才能向顾客推荐合适的服装，提高销售成功的概率。

话术模板

话术模板1 "小姐，我们服装店的裙子都在那边，您比较喜欢哪种风格的呢？淑女型、运动型，还是职业型？"

※ 在询问顾客对服装风格的购买需求时，给顾客一些提示，因为很多顾客对服装的风格没有明确的认识。

话术模板2 "小姐，看您的穿衣风格，您是不是特别喜欢穿淑女装？"

※ 根据对顾客穿着的观察，试探性地挖掘顾客的购买需求，有利于打开话题。

错误提醒

错误提醒1 "您好，您想看看什么风格的服装呢？"

※ 这样的提问方式容易让顾客摸不着头脑。

错误提醒2 "这件衣服不适合您的穿衣风格。"

※ 不要轻易下结论，顾客有可能正在尝试转换穿衣风格。

技巧运用

技巧运用1 服装销售人员在挖掘顾客对服装风格的需求时，一方面靠观察，看顾客的气质和当时的穿衣情况，然后进行试探性的询问；也可以列举一些具体的服装风格，询问顾客倾向于哪一种，进而有选择性地为其推荐服装。

技巧运用2 一名合格的服装销售人员应详细了解服装风格的分类，以及每种风格的服装的具体特征，只有这样才能有效说服顾客购买服装。服装的风格大体可分为三种，每种风格又可以细分为很多种，如图2-3所示，以供服装销售人员参考。

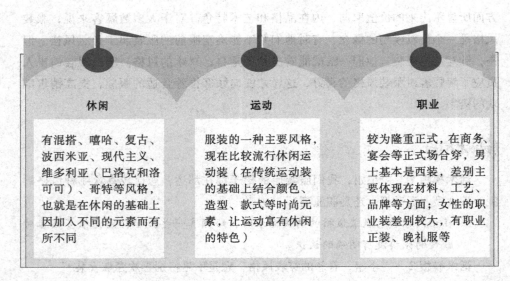

休闲	运动	职业
有混搭、嘻哈、复古、波西米亚、现代主义、维多利亚（巴洛克和洛可可）、哥特等风格，也就是在休闲的基础上因加入不同的元素而有所不同	服装的一种主要风格，现在比较流行休闲运动装（在传统运动装的基础上结合颜色、造型、款式等时尚元素，让运动富有休闲的特色）	较为隆重正式，在商务、宴会等正式场合穿，男士基本是西装，差别主要体现在材料、工艺、品牌等方面；女性的职业装差别较大，有职业正装、晚礼服等

图 2-3　服装风格的分类

第 2 节　关于产品这样问

情景 016　顾客想选购什么价位的服装

情 景描述

　　某服装店内，一位顾客走进来，服装销售人员热情地接待了他，然后带他来到西装区。顾客一边看一边说道："这么多款式啊，做工也不错，不知道价格贵不贵呀？"

行 为分析

　　价格是影响顾客购买决策的一个非常重要的因素，是一般顾客确定了服装类别后首先会考虑的因素。所以，当顾客对某一款或某一类服装感兴趣时，他可能会有一个大致的购买计划或心理价位。一般来说，只有当服装的价格符合顾客的心理预期时，交易才有可能顺利完成。

话术模板

话术模板 1 "先生，我们这店里的西装做工都非常精致，价位在 300～3000 元之间，款式也非常多，您觉得哪个价位的比较合适呢？"

※ 直接询问顾客的心理价位，这在大多数情况下都可以使用。

话术模板 2 "这款西装我们卖 858 元，那边那款卖 658 元，这两款西装的风格、款式差不多，但这款西装的面料是进口的，质量要好一些，您看重面料吗？"

※ 委婉道出两款服装价格不同的原因，试探性地询问顾客更倾向于哪一款，以及能否接受高价位的服装。

错误提醒

错误提醒 1 "你打算买哪个价位的服装呢？"

※ "买"非常敏感，会给顾客带来一定的压力。

错误提醒 2 "这款比较贵，788 元！你要看吗？"

※ 说话太直接，有瞧不起顾客的意味。

错误提醒 3 "那上面都有标价，你自己看着找价位合适的试试吧！"

※ 这样的表述会让顾客心里很不快。

技巧运用

技巧运用 1 价格是影响顾客购买决策的一个非常重要的因素。服装销售人员在确定了顾客要购买的服装类别后，应该探询其心理价位。

技巧运用 2 一般来说，销售中的服装都会有非常明确的价格标签，所以服装销售人员要注意观察顾客看不同价格标签时的反应，通过顾客的反应判断其心理价位。

技巧运用 3 如果店里的服装没有价格标签，服装销售人员可以直接询问顾客："您觉得哪个价位的服装比较合适？"但有时候，顾客不信任服装销售人员，或者有些顾客碍于面子，他们给出的回答很可能是不真实的，所以服装销售人员应向顾客推荐不同价位的服装，并且注意观察顾客的反应以判断其心理价位。

情景017 顾客喜欢什么款式的服装

情 景描述

某服装店正在营业中，一位顾客在棉服区浏览了几款棉服后说："没有我喜欢的款式。"

行 为分析

款式是指服装的样式、外型，穿着合身、好看的服装会让人显得更有精神。不同的人穿相同款式的服装所表现出来的效果也会不同。所以款式也是影响顾客购买决策的一个重要因素。

顾客在面对不同款式的服装时，希望能得到服装销售人员专业的帮助和指导。而服装销售人员在为顾客介绍不同款式的服装时，有必要事先明确顾客的喜好，再据此为顾客推荐合适的服装。在向顾客推荐服装时要做到少而精。

话 术模板

话术模板1 "您想买裙子呀，我们这里有很多不同款式的裙子，背心裙、连衣裙、超短裙、筒裙、西装裙，您喜欢什么款式的呢？"

※ 按款式将裙子分类，再询问顾客喜欢的款式。

话术模板2 "您看，我们这里的西装大概有这几种款式，那边两款是休闲的，这边几款都是比较正式的，您比较喜欢哪种款式的呢？"

※ 如果同一类别的服装款式比较少，可以直接向顾客展示，然后询问顾客喜欢的款式。

😟 错误提醒

错误提醒1 "欢迎光临！您好，您想买什么款式的服装？"

※ 服装销售人员应先确定顾客想购买的服装类别，然后再询问具体的款式。

错误提醒 2　"那里有很多款式，你自己看看吧！"

※ 服装销售人员有必要了解顾客喜欢的款式，进而有针对性地向顾客推荐服装。

技 巧运用

技巧运用 1　基于服装款式对顾客购买决策产生的重大影响，服装销售人员在推荐服装前，应先挖掘顾客对款式的喜好，进而向其推荐合适的服装，这样才有可能顺利完成交易。

技巧运用 2　服装销售人员可以按照款式将服装进行分类，通过列举不同款式的服装探询顾客的偏好，然后直奔主题，将顾客喜欢的款式展示给他。

技巧运用 3　在将同类服装的不同款式展示给顾客时，要注意观察顾客的反应，即使款式上一些非常细小的差异也有可能会打动顾客。

情景 018　顾客喜欢什么面料的服装

情 景描述

某服装店内，一位顾客在西装区仔细地查看各款西装，习惯性地用手摸一摸西装且自言自语道："不知道这款西装是什么面料的呀？"

行 为分析

不同的面料成本差异很大，顾客穿着以后的感觉也会完全不同。所以，面料也是顾客购买服装过程中经常考虑的一个重要因素。有的人追求面料的舒适感，而有的人却看重样式而不在乎面料。所以服装销售人员有必要探知清楚顾客对面料的需求，以便向其推荐合适的服装。

话 术模板

话术模板 1　"您好，我们这里的毛衣有羊毛的、毛加丝的，还有兔毛的，您喜欢哪种面料的服装呢？"

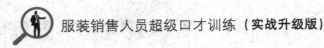

※ 采用提问法直接询问顾客对服装面料的需求。

话术模板2　"这边摆放的都是西装，请问您对西装的面料有什么要求吗？"

※ 开放性提问，询问顾客对服装面料的需求。

错误提醒

错误提醒1　"羊毛的比较贵，棉毛的比较便宜，您想看哪种面料的呢？"

※ 有看不起顾客的意思。

错误提醒2　"您想买好面料的呢？还是一般面料的呢？"

※ 不同面料的服装价格也不同，但它们各有优缺点。服装无好坏之分，只有适不适合顾客之分。

技 巧运用

技巧运用1　不同的人对服装面料的要求不同，所以服装销售人员要想办法获悉顾客对服装面料的喜好。可以直接询问顾客，也可以将面料列举出来，让顾客选择。但是，提问方式要委婉，不要直言"比较便宜的面料""比较次的面料"等。

技巧运用2　了解更多有关服装面料的知识有助于服装销售人员与顾客更好地沟通，从而赢得顾客的信任。一般来说，服装面料分为棉、毛、丝、麻四大类，各类面料的主要区别如表2-1所示。

表2-1　各类服装面料的区别

	基本特征	包括品种	优点	缺点
棉	以棉纤维和棉型化学纤维为原料，经过纺、织、染、整等工序加工而成	棉织物、棉型化学纤维织物	光泽柔和、质朴；保暖性好；染色性好，色泽鲜艳，色谱齐全；耐热、耐光性好；抗碱性好；抗虫蛀	纯棉织物色牢度较差；弹性较差，易产生皱褶；耐酸性差；易霉变

（续表）

	基本特征	包括品种	优点	缺点
毛	以羊毛或特定动物毛为主要原料，经过纺、织、染、整等工序加工而成。某些纯化学纤维织物，虽未含羊毛成分，但采用毛纺设备及毛纺工艺加工制成，也往往被列入毛纺织物范围	精纺毛织物、粗纺织物	纤维天然卷曲，蓬松柔软，保暖性好，干爽舒适，适合在湿冷环境下穿着；弹性好，耐磨，抗褶皱；容易染色，色谱齐全，色牢度好	耐热性一般，不宜曝晒；可洗性差，水洗时易缩绒，洗后需熨烫整理；不宜使用碱性洗涤剂洗涤
丝	以蚕丝和化学纤维长丝为原料织制而成	真丝绸类、绢丝绸类、人造丝绸类、柞丝绸类、合纤绸类、交织绸类	具有丝织物的光泽，自然柔和，明亮而不耀眼，色泽鲜艳均匀；手感轻柔平滑，富有弹性，悬垂飘逸，吸湿性好，透气、舒适；耐磨	真丝织物不宜曝晒；容易产生褶皱，洗后需熨烫；不宜用碱性洗涤剂
麻	用麻纤维纯纺织物及麻与其他纤维混纺或交织的织物	苎麻织物、亚麻织物、洋麻织物、黄麻织物、大麻织物、剑麻织物	强度在天然纤维中首屈一指；吸湿性好，夏季穿着干爽舒适；有较好的天然光泽；色泽鲜艳不易褪色；耐磨，耐晒，抗酸性，抗霉菌	纯麻织物硬且弹性较差，易褶皱

情景019　顾客喜欢穿什么颜色的服装

情 景描述

某服装店内，一位顾客在看完服装销售人员向其推荐的 T 恤后说："款式不错，可惜颜色不适合我。"

行 为分析

不同的色彩能够表现不同的个性。顾客在挑选服装时，会考虑到和自己已有的服装、箱包及鞋子等的颜色搭配，或者根据自己的肤色选择适合自己的颜色。此外，颜色还会影响人们的情绪。

话 术模板

话术模板1　"小姐，您平时比较喜欢穿哪种颜色的衣服呢？"

※ 直接询问顾客对服装颜色的要求。

话术模板2　"小姐，您非常有眼光，您看中的这款风衣是今年的新款，除了您手上这款米色的外，我们还有一件咖啡色的，您穿上肯定特别漂亮。您觉得哪个颜色更好呢？"

※ 向顾客展示不同颜色的服装，然后用选择提问法挖掘顾客的购买需求。

😞 错误提醒

错误提醒1　"小姐，您想买什么颜色的服装呢？"

※ 挖掘顾客的购买需求时应采用委婉的提问方式，应先探寻顾客比较喜欢的颜色，看其有没有特殊的颜色偏好，然后再有针对性地向顾客推荐适合的服装。

错误提醒2　"小姐，您根本不适合这个颜色，换一个颜色吧？"

※ 这样说话可能会引起顾客心中不悦。只有颜色不适合顾客，没有顾客不适合颜色。

错误提醒 3　"我觉得这个颜色更好!"

※ 服装销售人员要学会倾听和观察,尊重顾客的选择,不要随意下结论。

技 巧运用

技巧运用 1　颜色是顾客在购买服装时的一个重要的影响因素。服装销售人员有必要了解顾客对颜色的偏好,以及根据顾客的个性特点,向他们推荐颜色适合的服装。在询问顾客对颜色的喜好时,可以将不同颜色的特点一一列举出来;也可以直接询问顾客对颜色的喜好,但要注意提问方式不能太突兀。

技巧运用 2　服装的色彩搭配非常复杂,服装销售人员在向顾客介绍服装时,必须具备一些颜色搭配方面的知识,以便于根据顾客的肤色、体形等特征为其推荐适合的服装。常见服装颜色的特点、配色要点及适合人群如表 2-2 所示,以供服装销售人员学习使用。

表 2-2　服装颜色的特点

颜色	特点	配色要点	适合人群
白色	明亮、纯洁、青春、活泼、天真无邪,给人以轻松、凉爽之感	与鲜明颜色搭配易引人注目,与黑、海军蓝、鲜红、深褐、紫、绿色等搭配时形成对照美;与粉色或近似白色搭配时,很难协调;与淡灰、青灰、灰棕色等搭配会显得孤寂	夏季服装的主色调;扩张色,体胖者不宜穿着
黑色	高雅、优越、神秘、刚健、严肃、沉重,略显压抑	黑白相配,经久不衰;与暖色调相配效果较佳,与鲜艳的色彩搭配有华贵、亮丽的效果;与深色搭配会有一种厚重感	肤色白皙的人穿着黑色,能把肤色衬得更白;使穿着者的体形显得瘦小,所以是体胖者的首选颜色;体格健美的人穿黑色服装显得更苗条;中年女士穿黑色服装能显示出一种成熟美

— 39 —

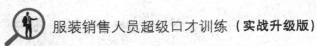

（续表）

颜色	特点	配色要点	适合人群
灰色	属于冷色，高雅、稳重，易使人感到寂寞、冷淡	易与其他色彩配合，其中银灰色给人以洁净、明亮、高雅之感；铁灰色或深灰色具有沉稳和庄重感；灰色和红色搭配效果较佳，也可以作为四季服装中起调节作用的调和色	灰色的西装、夹克、套裙适合在社交场合穿，给人一种温文尔雅的气度；浅灰色是年轻女性追求文静、稳重的理想套装用色；中年人穿着显得大方自然；老年人穿着显得深沉、稳重
红色	暖色之一，代表生命、热情、精力充沛、忠心、青春、希望与幸福，是一种积极色和前进色	易与其他颜色搭配，但忌与绿色直接配出大红大绿的效果，可巧妙采用"万绿丛中一点红"的搭配技巧	时装里常用的色彩；具有扩张性，适于体形苗条或中等体形者，体胖高大的女士不宜穿着；粉红色给人以可爱、年轻、快乐的感觉，年轻人或皮肤白皙者穿着更显娇美；鲜红色使人显得有朝气和活力，适合年轻女性和身材娇小者；身材高大或年长者宜选用较深的红色
绿色	生命之色，象征永远、和平、理解、年轻、新鲜、安全，给人以安静、清爽之感，还能降低用眼压力，促进血液循环，使人的情绪安稳、平静	易和白、灰、褐、黑等颜色搭配，深绿与墨绿都有较好的收缩性，若搭配得当，能将穿着者衬托得更深沉、优美	适合皮肤白皙的人，年轻人一般都喜欢嫩绿、墨绿色；鲜绿色适用于运动型服装，深绿色适用于修饰型服装

（续表）

颜色	特点	配色要点	适合人群
蓝色	理智、宁静、宽阔和深远，但易引发人的忧郁情绪	与白色搭配效果最佳，也易与其他颜色搭配	老少皆宜，每个人都能找到适合自己的蓝色；有收缩性，体胖者穿着效果更佳
黄色	属于暖色，是所有色彩中最抢眼的，使人心情愉快、轻松自然	与平稳的灰、黑、褐色搭配效果最佳，深紫色宜配金黄色。配色时，如果黄色非常鲜明的话，应用芥末色相配以显得深沉；深褐、海军蓝、深紫色与比例得当的浑朴的黄色搭配，会得到不错的效果	运动服中多添加黄色，给人以活力和动感
紫色	高贵、典雅、深沉的色彩，易引起人的疲劳	与淡粉色、白色及不同程度的紫色搭配都很协调	非常适合皮肤白皙的中年女性，能体现出其成熟和高贵；淡紫色适合年轻女性；与白色搭配非常适合小孩子
橙色	鲜明、醒目、活泼	可以起到调节色彩的作用	适用于在普通服装中做配色，不宜做全身套装
褐色	属于暖色，给人以温暖、安定、沉着的感觉	可以起到调节色彩的作用	特别适用于男士西装，有收缩感，能衬托出人的体形美

第3节　购买意愿这样问

情景020　顾客买服装是自己穿还是送人

情 景描述

某服装店内，一位顾客在女装区转悠，她仔细地浏览着墙上挂着的不同款式的服装……

行 为分析

顾客购买服装不一定是自己穿，所以服装销售人员必须了解顾客是为谁买服装，服装的使用者是谁，否则可能会出现向顾客推荐不适合的服装的情况。

另外，顾客为别人买服装和为自己买服装时的心态会有所不同，在给自己购买时他们更多地考虑的是实用性、品质、穿着以后的效果、价格等方面的因素；而把服装作为礼物送给他人时，则往往更加关注服装的款式、外观等因素。

话 术模板

话术模板1　"您好，小姐，这款羽绒服是我们店里今年卖得最好的一款，款式时尚、做工精细，保暖效果非常好，您是想自己穿还是想买来送人呢？"

※ 介绍服装的优点，在不经意间询问顾客购买服装是自己穿还是送人。

话术模板2　"帅哥，您好！您买围巾是想送给女朋友呢，还是送给其他人？"（女性围巾专柜）

※ 顾客在一些明显不适合他的服装区域前驻足时，服装销售人员应直接询问其买服装的目的。

😞 错误提醒

错误提醒1　"先生，这款是女式的，男式的在这边！"

※ 没有准确把握顾客的真实购买需求。

错误提醒 2　"小姐，这里是童装区，您的孩子多大了？"

※ 顾客有可能是给亲人和朋友的孩子买，这样直接提问很可能会让顾客很尴尬。

错误提醒 3　"小姐，这款毛衣不适合您，您看看这边的吧！"

※ 不清楚顾客为谁而买，就不要轻易发表意见，否则会引起误会。

技 巧运用

技巧运用 1　顾客去服装店并不一定是为自己买衣服，服装销售人员必须谨记这一点，尤其是看到顾客对一些明显不适合其穿着的服装感兴趣时，就应首先弄清楚顾客买服装的目的，使用者是谁，这样才有可能向顾客推荐合适的服装。

技巧运用 2　服装销售人员根据顾客的某一行为判断其购买服装的目的但又不确定时，可以在介绍服装优点的同时，"不经意"地询问顾客买服装是自己穿还是送人。

情景 021　顾客只是想逛逛，还是今天就买

情 景描述

某服装店内，一位顾客对店里的多款服装感兴趣，却迟迟不做购买决定。

行 为分析

逛服装店的顾客可以分为两类，一类是有明确的购买计划，只要看到了自己喜欢的服装，价位又和自己的心理预期价格相差不多，一般都会立即购买；另外一类就是所谓"闲逛"的顾客，他们没有明确的购买计划，去服装店就是为了消遣。不过，如果后者在闲逛的过程中遇到了让自己心动的服装，也会购买，但有可能会因为价位太高等原因迟迟不做购买决定。服装销售人员要做的就是了解顾客的真实情况，探知顾客的真实想法，然后再向顾客推荐合适的服装。

话 术模板

话术模板 "您好，先生，您真有眼光！这款夹克今年卖得非常好，是纯羊毛面料的，穿着非常的舒适，您今天买的话我们还有优惠。"

※ 选择顾客特别中意的一款服装进行介绍，试探性地询问顾客是否有购买计划。

错误提醒

错误提醒1 "您今天买不买啊？"

※ 提问太直接，容易给顾客造成一定的压力。

错误提醒2 "这款外套穿着非常时尚，今年很流行，只卖358元，您要买吗？"

※ 给顾客造成一定的心理压力，而且有看不起顾客的意思。

错误提醒3 "小姐，您试了好几件了，到底买不买啊？"

※ 不尊重顾客。

技 巧运用

技巧运用1 很多顾客来服装店是为了闲逛或打发时间，服装销售人员要善于观察，发现顾客有喜欢的服装时及时上前介绍。如果这时顾客说"我只是想逛逛，今天不打算买"，服装销售人员应礼貌地招呼顾客，然后再试探性地询问顾客这么说的原因。如果发现顾客是因为支付压力太大，就应设法排除顾客的疑虑；如果顾客是因为带的钱不够，可以向顾客推荐其他的付款方式，如刷卡、手机支付等；如果顾客有购买意向，可以告诉顾客先交一部分押金，以便为其预留这件衣服。

技巧运用2 服装销售人员要善于观察，如果认为某个顾客是"闲逛"型的，可以在上前为顾客介绍某款服装时暗示他"如果今天买，会……"，这有利于减轻顾客的支付压力，还能够探知顾客是否当时就决定购买。

情景022 顾客说自己也不知道要买什么

情 景描述

某服装店内，一位顾客在店内转悠，他显然没有被任何一款服装打动，这时服装销售人员迎了上去说："先生，您好，欢迎光临××服装店，您想看哪类服装呢？我帮您介绍一下吧？"顾客听完后一脸茫然地说："我也不知道要买什么样子的服装！"

行 为分析

这种情况很常见，很多顾客在逛服装店时并没有明确的购买计划，而是为了欣赏服装、打发时光或看看流行款式等，如果顾客对服装店里的服装都不感兴趣，当服装销售人员上前挖掘购买需求时，他们通常都会一脸茫然地说自己不知道要买什么样的服装。

当顾客说"我也不知道买什么"时，只是还没有意识到自己对服装的需求，所以服装销售人员要做的就是设法挖掘他们的潜在购买需求。

话 术模板

话术模板1 "小姐，您好，今天是我们店冬季促销的最后一天，那边的冬装全部五折，每人限量购3件，非常实惠，您可以看看。"

※ 向顾客介绍优惠活动，刺激顾客的潜在购买需求。

话术模板2 "先生，春节马上就要到了，我们店里特意进了一批中老年服装，您回家的时候可以给父母带两件。"

※ 利用节假日或特殊事件刺激顾客的潜在购买需求，激发他们的购买欲望。

话术模板3 "先生，我们店里新进的一批男装在这边，全部是最新的款式，非常时尚，您过来看看喜不喜欢？"

※ 根据对顾客的观察，推荐符合顾客穿衣风格的服装，但不可太武断，最好
　　同时推荐多款服装，再让顾客选择。

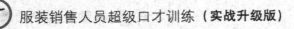

 **错误提醒**

错误提醒1 "你都不知道要买什么，让我怎么给你介绍啊？"

※ 服务态度不礼貌，容易引起顾客的不满。

错误提醒2 "哦，那你就先自己看吧，有需要的时候叫我。"

※ 服务态度不诚恳。

错误提醒3 "那我给您推荐一款吧，绝对适合您。"

※ 说话太绝对，如果顾客看后不喜欢，就会对服装销售人员产生不信任感。

技 **巧运用**

引导顾客发现自己的潜在购买需求

一些顾客没有明确的购买计划或说"我也不知道买什么"，但服装销售人员不要轻易放弃，因为顾客可能还没有意识到自己的需求。服装销售人员要善于挖掘顾客的潜在需求，利用优惠活动、特殊节日等事件激发顾客的需求和购买欲望。也可根据对顾客的观察，向顾客推荐适合其穿衣风格的服装，但一定要注意语气不能太绝对，否则一旦推荐的服装让顾客失望，其便会对服装销售人员产生不信任感，最好是同时推荐多款有某种共性的服装，再让顾客选择。

Chapter 3

第3章

穿着问题这样赞

◆ 顾客试穿后，什么都不说就走

◆ 我穿这件衣服显得比较胖

◆ 这件衣服穿上感觉太紧，不舒服

◆ 这个颜色不适合我穿

◆ 这个款式好像太成熟了

◆ 这个款式太老土了

◆ 这个款式对我来说太年轻了

◆ 这款服装的风格太休闲（正式）了

◆ 你们的衣服太花哨，不适合我

◆ 这件衣服穿在身上很奇怪

◆ 这种面料不适合我，太显胖（瘦）

◆ 我可不想跟别人穿一样的衣服

◆ 你们店的服装款式太少了

◆ 这种样式还有没有其他款式的

"服装好不好，试了才知道。"服装销售人员说一百句都不如请顾客试穿一下有效。顾客与服装"亲密接触"，顾客亲眼看到自己穿着的效果，这样更容易激发顾客对服装的兴趣和购买的欲望。

在邀请顾客试穿的过程中，以及顾客试穿之后，服装销售人员都会得到顾客积极或消极的回应，积极的回应当然有利于服装的销售；但当顾客对试穿邀请或穿着的效果提出问题、疑虑时，只要服装销售人员巧妙地进行处理，也能转化成销售机会。

为了让顾客有一个满意的试穿体验，服装销售人员要有敏锐的观察能力和良好的沟通能力，能够从顾客的形象、言语和动作中发现其喜好和购买需求。同时，还要掌握有关服装的专业知识，如各类服装的面料知识和搭配技巧等，并能综合运用这些知识。这样服装销售人员才能由单纯的"销售人员"成长为顾客的"产品专家"和"形象顾问"，既赢得顾客的信任，又获得优秀的业绩。服装销售人员需掌握的技能及专业知识如图3-1所示。

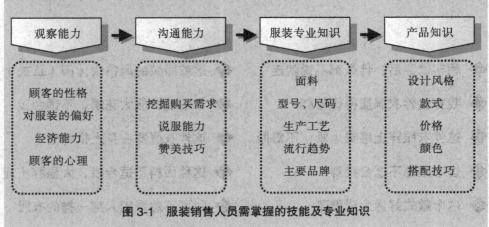

图 3-1　服装销售人员需掌握的技能及专业知识

第1节 试穿反应这样赞

情景023 顾客试穿后，什么都不说就走

情 景描述

顾客在店里试穿了 3 件衣服，试完之后没有任何反应，让人猜不透顾客是满意还是不满意。最后，顾客放下衣服，什么都不说就要走。

行 为分析

顾客连着试穿几件衣服，说明他们在用心挑选。顾客既然有购买需求，却又一言不发地离开，其中肯定有原因。是穿着效果让顾客不满意，还是店里的服务让顾客感到不舒服呢？此时，服装销售人员最重要的工作就是主动向顾客求教，把问题找出来。只要服装销售人员坦诚、礼貌地与顾客沟通，顾客都会乐意说出自己的感受。只有找到了问题所在，服装销售人员才能采取相应的方法来应对。

话 术模板

话术模板 1 "先生，您刚刚试的那套服装很合身，是哪里不合适吗？"

※ 产品试探法，以顾客试穿过的或店里的其他服装来引导顾客说出问题所在。

话术模板 2 "小姐，您等一下，今天是我们店庆，我们特别准备了一些小礼品，这是送您的一个卡通小挂件……您对刚刚试的 3 件衣服都不满意吗？看您的眼光非常独特，不知道您喜欢哪种款式的服装呢？"

※ 赠品法，店里可以常备一些小礼品，用这些小礼品来接近顾客，赢得顾客的好感，然后再问顾客的真实想法。

话术模板 3 "小姐，您稍等，我想请您帮个忙，刚刚看您很用心地挑选服装，现在又匆匆忙忙要走，您是不喜欢这几款服装，还是我们的服务不周到呢？"

※ 求教法，请顾客"帮忙"，向顾客请教，这种方式很少见，因此顾客会觉
得比较特别，而且感觉受到了尊重，面对服装销售人员的坦诚，他们一般
会直接说出自己的想法。

错误提醒

错误提醒1　"试了这么久，您都不喜欢吗？"

※ 有埋怨顾客的意思。

错误提醒2　"您到底喜欢什么样的服装呢？说出来我给你找。"

※ 不能激发顾客的兴趣，很可能得到顾客消极的回答。

错误提醒3　"喜不喜欢好歹说句话嘛。"

※ 不礼貌，可能会把顾客惹恼，极易引起争执。

技 巧运用

不轻易放走一个顾客，充分挖掘顾客的价值

顾客走进服装店，肯定不是来吃饭或买菜的，他们的目标大多是选购服装。
因此走进店里的每一位顾客都是有价值的。顾客的价值通常表现为以下三种，如
图 3-2 所示。

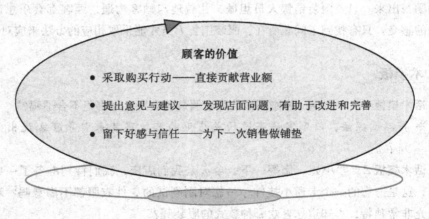

顾客的价值

● 采取购买行动——直接贡献营业额

● 提出意见与建议——发现店面问题，有助于改进和完善

● 留下好感与信任——为下一次销售做铺垫

图 3-2　顾客的价值

服装销售人员工作的一个原则就是不轻易放走一个顾客。这并不是说应该对
顾客死缠烂打，而是指服装销售人员一定要把每一位进店顾客的价值挖掘出来。

要么，顾客买了服装店的服装；要么，顾客说出他们为什么不买服装店里的服装，以使服装销售人员从中发现问题，不断完善；或者服装销售人员给顾客留下一个好印象，让顾客在下一次想买衣服的时候第一时间想起这个人。服装销售人员不仅要敢于向顾客销售服装，也要勇于向顾客请教为什么不喜欢或不买服装店的服装。通过这种"解读顾客心理"的方式，服装销售人员才能实现快速进步。

情景024 我穿这件衣服显得比较胖

情 景描述

一位体形偏胖的顾客对一件外套非常感兴趣，服装销售人员估计了一下，拿出了一件适合顾客尺码的服装请其试穿，顾客穿上后照着镜子说："我穿这衣服显得好胖啊！"

行 为分析

"佛靠金装，人靠衣装"，顾客在购买衣服时，都抱有爱美之心，都希望衣服能将自己打扮得更美、更帅、更耀眼。因此，如果顾客对穿着服装的效果不满意，服装销售人员千万不要忽视顾客的这一感受，不能用没有说服力的语言来搪塞顾客，更不能挑顾客身体或形象上的缺点。服装销售人员一定要灵活表现，尽量找顾客试穿后的优点。顾客心里高兴了，自然会对服装销售人员产生好感与信任，这个时候再推荐适合的服装就容易得到顾客的认同。

话 术模板

话术模板1 "呵呵，其实丰满是女人有福气的表现，您的生活一定很快乐、幸福！这个尺码您穿刚刚好，这是外套的腰带，我帮您系上，这样就可以看到整体效果了，绝对不显胖，您看……"

※ 如果服装尺码刚好合适，可以通过夸赞顾客来消除其对"显胖"的顾虑。

话术模板2 "呵呵，其实您一点也不胖，再加上您很会搭配衣服，就更显不出哪里胖了。您选的这件衣服颜色比较深，而且是显身材的斜条纹图案，再配上腰带就更好看了。我拿稍大一号的您再试试，肯定让您满意……"

※ 如果服装尺码确实偏小，可以先打消顾客的顾虑，再讲服装的优点，然后拿出大一号的服装让顾客试穿。

错误提醒

错误提醒1 "这已经是最大号啦！"

※ 这样会令顾客很尴尬。

错误提醒2 "不胖，一点也不显胖。"

※ 说服力度不够，无法打消顾客的顾虑。

错误提醒3 "等会儿，我给您找大一号的。"

※ 直接这样说会让顾客很没面子。

技 巧运用

掌握说话的技巧，同样的意思采用不同的表达方式

每个人的形象都不可能十全十美，如何把话说得既不伤人还能让对方欣然接受呢？有这样一个故事。一位顾客在一家鞋店试鞋，销售人员对顾客说："您知道吗，您的一只脚比另一只大。"结果顾客听完这句话扭头就走了；而在另一家鞋店里，销售人员说："您的一只脚比另一只小。"结果顾客高兴地买下了那双鞋。服装销售人员也可以学习这种巧妙的说话方法。例如，胖可以说是"丰满""有福气"；骨架大可以说是"高挑""富态"；大肚腩可以说是"将军肚""心胸广"；皮肤黑可以说是"健康肤色"等。相同的意思，不同的表达方式，给顾客的感觉会大不一样。

情景025　这件衣服穿上感觉太紧，不舒服

情 景描述

一位顾客对一款均码的毛衣很感兴趣，服装销售人员便拿给顾客试穿，顾客穿上毛衣后说："这件衣服穿上感觉太紧，不舒服啊！"

行 为分析

每个人都有自己偏爱的、习惯的穿衣风格。当顾客习惯了一种穿衣风格时，如果再接触其他风格的服装，自然会感到不适应。服装销售人员要想说服顾客尝试和接受新的穿衣风格，必须结合顾客的需求和心理，不仅要讲清楚新风格服装的优点和特色，更要说明白新风格为什么适合顾客。这时候服装销售人员已经不仅仅是一名服装销售人员，更是顾客在服装选择方面的顾问和专家。当然，如果这款服装确实不适合顾客，服装销售人员就不能单纯地为了销售业绩，把不适合说成适合，把不符合顾客实际需求的服装卖给顾客。

话 术模板

话术模板 1　"小姐，看您的穿衣风格，您平时喜欢穿宽松的衣服吧？穿惯了宽松的再试穿这件紧身的，确实会觉得不适应。我觉得，您身材这么好，可以尝试换一个穿衣风格。您看镜子里，身体的曲线全突显出来了，您要是穿上这件毛衣，绝对会让您的朋友眼前一亮。"

※ 解释"紧绷"的原因的同时夸赞顾客身形的优点，让顾客自己体验到效果，还可以描述一下顾客的朋友看到其穿上服装后的可能反应，从而打动顾客。

话术模板 2　"这款衣服是特意设计成紧身的，因为这样可以把身材全部突显出来。您看，您的身材这么好，再穿上这件紧身的毛衣，多好看啊。而且这种面料非常柔软，贴身穿很舒服。您穿几次后就会稍微宽松一点，就不会觉得紧了。您再转身看看镜子里的效果。"

※ 介绍服装的独特设计、特殊材质，并说明衣服会慢慢变得宽松，引导顾客感受效果，不放过任何一个真诚赞美顾客的机会。

话术模板 3　（服装销售人员耐心解释后，顾客仍然不接受紧身的衣服）"小姐，看来您真的不喜欢紧身的衣服，那我拿几款宽松一点的服装，您试一试吧。"

※ 如果顾客很排斥紧身的衣服，很难被说服，服装销售人员可以根据顾客喜欢的风格和款式向其推荐其他服装。

 错误提醒

错误提醒 1　"这件衣服的设计就是这样的。"

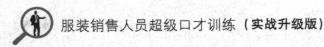

　　※ 要把服装设计和顾客的购买需求联系起来，否则再好的设计也卖不出去。

　　错误提醒2　"多穿几次就松了。"

　　※ 完全忽略了顾客的感受。

　　错误提醒3　"紧身显身材嘛。"

　　※ 应该在此基础上夸赞顾客体形的优点，让顾客喜欢上这种风格。

技 巧运用

从"服装销售人员"到"产品专家"和"形象顾问"

　　服装销售人员不能一味地"唯客是从"。顾客说"我不喜欢这个"，你就回应"哦，这个的确不适合您"；顾客说"这个不错"，你就答"是的，这个适合您"。这就是完全被顾客牵着鼻子走。如果服装销售人员一直这样做，那么在顾客眼中，你就永远只是"服装销售人员"。

　　服装销售人员在服装搭配方面的经验和知识一定要比顾客更丰富。当顾客对一套非常适合他们的服装表示不喜欢或不满意的时候，服装销售人员应该利用自己的专业知识，再结合顾客的实际情况和需求，提出自己的建议。当服装销售人员立足实际，而且完全是站在顾客的角度提出专业性建议的时候，即使顾客不采纳，也会对你刮目相看，这时，你就从"服装销售人员"成长为"产品专家"和"形象顾问"。服装销售人员向顾客提建议时需注意以下三个要点，如图3-3所示。

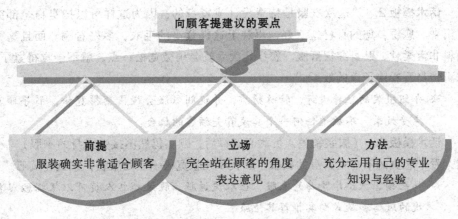

图3-3　服装销售人员向顾客提建议的要点

情景026 这个颜色不适合我

情 景描述

顾客连声称赞一款外套的样式好看，服装销售人员让顾客试穿，顾客穿上外套后摇摇头这样说：

"这个颜色太深了，不适合我。"

"这个颜色有点艳，我都这个年纪了，穿这个颜色不合适。"

"这个颜色太淡了，容易脏。"

行 为分析

在生活中，由于观念和习惯的不同，不同年龄阶段的人都会有其主流的服装色彩。例如，中老年人可能偏向深沉、稳重的深色调，年轻人偏向时尚、活泼的浅色调，而小孩子会更喜欢鲜艳的颜色。

如果顾客看中的服装恰好有他们喜欢的颜色，服装销售人员可以直接让他们试穿；如果店里的服装没有顾客喜欢的颜色，服装销售人员也不要轻易放弃，可以向顾客推荐相似颜色的服装，或者根据自己的经验推荐真正适合顾客颜色的服装。只有当服装销售人员真正站在顾客的角度做销售的时候，才能向顾客推荐真正符合他们的服装。

话 术模板

1. 颜色太深

话术模板1 "先生，您是觉得这款服装的颜色太深、太严肃了吗？其实，黑色对男士来说永远是流行色。您看，您穿上这件黑色的外套，显得既沉稳又干练，一看就是干大事的人，而且黑色耐脏。所以，很多男士一进店就明确要求要试试这款呢！"

话术模板2 "小姐，您说这件衣服颜色太深了，我理解，可是您穿上这件衣服会让人眼前一亮。黑色是最显身材的颜色，您穿这件衣服显得您的身材多苗条啊！而且黑色是百搭色，您里面既可以穿浅色的衣服又可以穿深色的衣服，裤子也可以随意搭配。您看，现在这件黑色外套和您身上的毛衣、牛仔裤不就非常搭配吗？"

※ 男性和女性的关注点不一样，男性看重形象、便利性，女性看中苗条、美丽、流行，因此介绍的时候也要有区别、有重点。

2. 颜色太艳

话术模板3 "呵呵，阿姨，瞧您说的，您这个年纪怎么啦，老来俏，您日子过得好，这是福气。不是有个词叫'紫气东来'嘛，紫色是富贵色，有福气的人才穿得出味道呢。您穿这件紫色外套，再合适不过了。"

※ 针对老年顾客，赞美是最好的法宝，把颜色与他们的好日子、好福气联系起来。

3. 颜色太浅

话术模板4 "小姐，白色是不耐脏，可是白色显气质啊。您气质这么好，白色多适合您啊。我看您穿的衣服很干净，说明您是一个爱干净、会打扮的人，相信您穿我们的这件白色外套，一定也会干干净净的！"

※ 通过对顾客的气质和穿着干净的衣服进行称赞，激起顾客对浅色服装的兴趣。

😞 错误提醒

错误提醒1 "这个颜色不深，一点也不深啊。"

※ 这只是服装销售人员的主观看法，对解决顾客的疑问没有任何帮助。

错误提醒2 "您在衣服外面套个袖套，就不会脏啦。"

※ 这是一种解决方法，但是在提出解决方法之前应该先打消顾客的疑虑。

错误提醒3 "那您想要什么颜色的？"

※ 不努力争取就轻易放弃，会让销售过程变得很被动。

技 巧运用

技巧运用1 通常，顾客对颜色的偏好会体现在其日常的穿着、饰物与装扮中。服装销售人员只要留心观察就可以发现顾客对颜色的喜好，从而在顾客意识到之前就把合适的颜色推荐给顾客。

技巧运用2 巧妙地介绍和渲染各种颜色的优点。

紫色：高贵，优雅。

红色：热情，活泼，喜庆。

金色：个性，充满现代感。

白色：显气质，清爽，明快，干净。

黄色：显眼，时尚，明亮，充满朝气。

黑色：显身材，百搭，耐脏，沉稳，干练。

蓝色：含蓄，优雅，上班族的必备色，有助于让人平稳心绪。

情景027 这个款式好像太成熟了

情 景描述

一位二十多岁的顾客认为服装店里的一款上衣很别致，试穿过后，顾客左看看右看看，最后对服装销售人员说："这个款式的服装好像太成熟了吧。"

行 为分析

顾客对产品的的喜好和评价是主观的、私人的感受，但是顾客所说的并不一定是他们内心真正需要的，这有可能是因为顾客不愿意表达自己真实的想法，还有可能是连顾客都没有意识到自己真正的想法。这就需要服装销售人员具备一定的观察能力和说服能力，能够发现顾客的真实想法，然后把这些隐蔽的、潜在的、真实的想法挖掘出来分析给顾客听，让他们重新认识自己的需求，然后再向他们推荐服装。

话 术模板

话术模板1 "先生，这个款式确实很成熟，很多年轻白领都喜欢这款服装，既正式又不会太呆板和严肃。您看，您穿上这款上衣，立刻就添了几分职业风采。"

※ 启发顾客重新认识自己的真实需求，利用男性看重事业、渴望成功的心理特点来推荐服装。

话术模板2　"小姐，您刚才说我们的服装很别致，这就是它别致的地方。穿上它您会显得很成熟，您想想，家人和朋友都习惯了您穿乖乖女的服装，您突然穿上这套衣服，他们肯定会眼前一亮。您说是不是？"

※ 可以利用年轻人的叛逆心理来刺激顾客，引导顾客尝试新的风格。

话术模板3　服装销售人员："呵呵，小姐，您对这件衣服哪里不满意呢？"

顾客："我觉得领子太低了。"

服装销售人员："哦，您是说 V 领太低了是吗？这是这件衣服很特别的设计。V 领能够让双肩看起来更圆润、更小巧，而且 V 领刚好能把锁骨完美地展现出来。您看看镜子，是不是觉得这样特别好看？"

※ 服装销售人员可以引导顾客说出其真实的想法，然后再有针对性地解释，
　　不要只讲服装的特色，而是要讲这些特色给顾客带来的美丽和改变，这样
　　才能打动顾客。

😞 错误提醒

错误提醒1　"这个还成熟啊？"

※ 意指顾客很无知，没见过市面，容易引起顾客的不满。

错误提醒2　"您不喜欢成熟的服装，那您看看这款怎么样？"

※ 跟着顾客的喜好走，失去了主动性。

错误提醒3　"您现在穿成熟的服装应该很合适啊。"

※ 会引起顾客的误会，顾客可能将这句话理解为：你年龄都这么大了，穿成
　　熟一点儿的服装很正常。

技 巧运用

产品利益是产品介绍的重点

服装销售人员在介绍服装或回答顾客的疑问时，必须把产品利益作为产品介绍的重点。从根本上来说，顾客并不在意服装是谁设计的、用的什么材料、是不是大品牌，他们只重视那些与他们实际需求相关的产品特性。顾客最关心的是这款服装是不是适合自己，能给自己带来什么样的改变。因此，服装销售人员在介绍服装时，不仅要传达产品价值，更要让顾客亲身体验到服装给他们带来的好处和改变。

情景 028　这个款式太老土了

情 景描述

顾客走进某服装专卖店后，一眼就看到了衣架上挂着的一款服装。顾客疑惑地说："你们店里的服装一直都很时尚，可是这一款太老土了。"

行 为分析

千万个顾客就有千万种性格，心直口快的顾客对不合自己心意的产品进行评价时，有时候会比较直率，服装销售人员听来可能会觉得刺耳或感到不悦。在这种情况下，服装销售人员不要在意顾客表达的形式，而是要关注他们表达的内容，向顾客问清楚他们到底对服装的哪些地方不满意，然后才能给出合适的解释或向他们推荐合适的服装。

话 术模板

话术模板 1　服装销售人员："呵呵，小姐，这款服装哪里让您觉得老土呢？"

顾客："这个图案，还有颜色，好像碎花布啊。"

服装销售人员："您真是好眼力，很多顾客都没看出这款服装的特色，您一眼就看出来了。这确实是青色的小碎花图案。现在很多人都喜欢怀旧，小碎花是有点土的，但是嵌一点在衣服上却很别致。您不妨穿上试试，肯定别具风情！"

※ 主动请教，通过夸赞让顾客放松，然后向其介绍服装的特色，把顾客眼中
　的缺点转化为服装的卖点，并邀请顾客试穿。

话术模板 2　"呵呵，先生，您是不是觉得这件风衣很像很多年前流行的长衫吗？您平时看人和看事的眼光一定很准，这款衣服还真是按长衫来设计的。长衫最能体现出男士的儒雅和风度，我们这款风衣就是仿照长衫在右侧添加了双排扣，您试试，肯定能穿出不一样的气质和风度！"

※ 服装的特色非常突出时，服装销售人员可以直接向顾客介绍服装的卖点，
　充分激发顾客的兴趣。

话术模板 3　（顾客坚决不接受"老土"的服装）"小姐，看来您是一个讲究

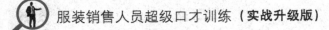

时尚的人。我们店里这么多款式，您喜欢什么样的款式呢？"

※在说服不了顾客的情况下，可以用一句夸赞顾客的话来缓和气氛，再根据顾客的兴趣进行推荐。

😞 错误提醒

错误提醒 1 "你穿的衣服才老土呢！"

※ 服装销售人员要控制住自己的情绪，不要与顾客针锋相对。

错误提醒 2 "这是由著名设计师××亲手设计的，怎么可能土呢？"

※ 顾客关心的不是服装是谁设计的，而是服装是否适合自己。

错误提醒 3 "这么说您喜欢时尚的服装，那款怎么样？"

※ 不要完全被顾客牵着鼻子走。

技 巧运用

冷静地面对顾客不理智的言语

当顾客对服装、品牌，或者服务人员的服务等做出不理智的评价的时候，服装销售人员不能图一时之快或逞口舌之能，不可与顾客斗气斗嘴，用攻击性的话伤害顾客。说出去的话就像泼出去的水，收不回来，对顾客造成的伤害也很难弥补。服装销售人员要冷静地面对顾客的不理智言行，抓住顾客表达的核心意思，提出合理的解释。

情景029　这个款式对我来说太年轻了

情 景描述

服装销售人员向一位顾客推荐了一款裙子，顾客表示很喜欢。但当服装销售人员鼓励顾客试穿时，顾客却笑了笑说："这款裙子是挺好看，可是我都三十多岁了，这个款式太年轻了，小姑娘穿还差不多。"

行 为分析

每个人都希望自己永远年轻和美丽。有时，因为年龄和传统观念的影响，很多顾客会把这种追求藏在心里，但是并不会忘记和放弃这种追求。当顾客说"我又不漂亮""我都上年纪了"的时候，她们期待的不是服装销售人员的认同，而是真诚的赞美和建议。面对此类顾客，服装销售人员首先要做的是帮助顾客建立信心，鼓励顾客试穿，同时，要给出专业性的建议和服装介绍。

话 术模板

话术模板 1　"小姐，我看您最多也就二十五六岁，您说三十多岁我可不信。这款裙子挺适合您的，您看，淡紫色、蕾丝花边，还有别致的束腰设计，一看就特别优雅和知性，小姑娘绝对穿不出效果，只有像您这样有气质的人才能穿出感觉来，您试试吧。"

※ 夸赞顾客看起来年轻，然后向顾客介绍服装的卖点，并邀请顾客亲自体验，肯定顾客试穿的效果，增强顾客的信心。

话术模板 2　服装销售人员："大姐，您一定生活得很幸福，一点儿都不显年纪，我以为您也就二十多岁呢。您觉得这款裙子哪里不适合您呢？"

顾客："这裙子花边太多了。"

服装销售人员："呵呵，您观察得很细心。可是没有花边这条裙子就会显得很呆板，而有花边的裙子又大多是蕾丝花边，但我们的这款是针织的花边，一点儿也不张扬，特别含蓄，非常适合您这样优雅、知性的人。您试试，肯定能穿出不一样的感觉来。"

※ 真诚地赞美顾客，让顾客把疑虑和问题都说出来，然后再结合顾客的现实情况，将问题各个击破。

😞 错误提醒

错误提醒 1　"那我给您拿一件颜色深的。"
※ 承认顾客年纪大，不能穿太年轻的款式了。

错误提醒 2　"不会啦，您习惯了就好。"
※ 主观臆断，会让顾客心里很不快。

错误提醒 3　"这个款式就是您这个年龄的人穿的。"
※ 很容易引起顾客心里不满。

技 巧运用

技巧运用1 每一位顾客都有自己独特的地方，都有值得赞美之处，服装销售人员要善于发现顾客的独特之处，真诚地表达自己的赞美。在平时的生活中，服装销售人员可以多观察身边的人，发现他们值得称赞的地方，多加练习，这样赞美他人就会越来越熟练，甚至会成为服装销售人员的一种好习惯。

技巧运用2 女性顾客和男性顾客的消费心理不同，服装销售人员在对他们表示赞美的时候也应有不同的着眼点和侧重点。具体内容如图3-4所示。

> **赞美男性顾客**
> 外形：外貌、皮肤、眼睛、发型、身材等
> 穿着：衬衫、领带、领带夹、外套、皮包等
> 内在：事业、地位、风度、学识、职业、财富、爱好、才能等

> **赞美女性顾客**
> 家庭：孩子、爱人、父母等
> 外表：外貌、服装风格、装饰物等
> 皮肤：白净、水嫩、白里透红、红光满面等
> 身材：苗条、丰满、小巧、高挑、曲线美、修长等
> 气质：优雅、知性、大方、高贵、稳重、温柔、成熟、活泼、可爱等

图3-4　服装销售人员对男性顾客和女性顾客赞美的着眼点和侧重点

情景030　这款服装的风格太休闲（正式）了

情 景描述

某品牌店里，一位顾客从衣架上取下一款衣服，打量了一下，觉得不错，于

是穿上看看效果。最后，他不是很满意地对服装销售人员说：

"这件是休闲款吧？我还是比较喜欢穿职业装。"

"这衣服太正式了，穿着显得太严肃了。"

行 为分析

顾客的穿衣风格很容易受到职业的影响，有的人会偏爱比较正式的服装，而有的人喜欢休闲风格的服装。要想说服顾客改变习惯和喜好是非常困难的，但是，如果顾客试穿的服装确实非常适合他，或者店里的服装没有顾客喜欢的风格或款式时，服装销售人员可以试探着劝说顾客改变初衷，尝试新的风格。

话 术模板

1. 向偏爱职业风格的顾客推荐休闲装

话术模板 1　"先生，您进来的时候穿的那套西装确实挺不错的，显得您沉稳干练，一看您就是公司的高管。可是，说实话，我觉得您穿职业装有一点严肃，如果和朋友们在一起，会让人感觉压力很大。您穿这套休闲一点的西装就好很多，显得您年轻、帅气，而且特别容易亲近。工作重要，朋友和生活也很重要，您说是不是？"

※ 对顾客的职业形象充分肯定，然后再说出一两点职业装的不足之处，并强调休闲装服装的特色以及给顾客形象带来的改变，这样，顾客也会乐意接受你的意见。

话术模板 2　"呵呵，小姐，你很特别哦。很多女孩子都专挑休闲的衣服，觉得职业装太严肃，可是您不仅喜欢职业装，而且还能穿出不一样的风采，说明您的身材真的很不错。我觉得您可以尝试一下休闲款式的。您看，穿职业装您是白领丽人，穿休闲装您是时尚达人，这才是'百变女王'嘛！"

※ 爱美之心人皆有之，因此，美丽和时尚总是能够打动女性的话题。

2. 向偏爱休闲风格的顾客推荐职业装

话术模板 3　"先生，看来您是一个喜欢休闲风格服装的时尚人士啊。我们这一款确实比较正式，适合上班的时候穿。您想想，平时老板、同事都习惯了您穿休闲的服装，突然换上职业装，会给他们留下更深刻的印象。"

※ 当你的意见或建议裹上了"糖衣"的时候，顾客就不会觉得难以接受了。

😞 错误提醒

错误提醒 "女孩子不要穿得那么正式，太严肃了。"

※ 可以给顾客提建议，但是不要替顾客做决定或下论断。

技 巧运用

给意见和建议裹上"糖衣"

人们在购物时，大多有一种优越感，他们希望服装销售人员能够迁就自己，顺从自己，对于服装销售人员的意见或建议他们一般不会轻易接受。因此，当服装销售人员给顾客提出中肯的意见或对顾客的错误观念提出反对时，不妨为你的意见和建议裹上"糖衣"，再传达给顾客。这层"糖衣"就是对顾客的赞美。例如，顾客喜欢职业装，而服装销售人员想建议顾客尝试休闲装，那就可以赞美顾客穿上休闲装显得阳光、帅气、很吸引人。当顾客接受这些赞美的时候，他们内心就不会排斥能给让他们看起来更美的服装了。

情景 031　你们的衣服太花哨，不适合我

情 景描述

某服装店内，一位顾客在仔细地挑选服装，但最后却很失望地说："你们的衣服越来越花哨了，以前我还能找到一两件中意的衣服，现在根本找不到适合我的。"

行 为分析

顾客对于自己经常光顾的品牌或服装店，都希望它们能一直有自己喜欢的风格和款式。一旦顾客喜欢的服装类型没有了，他们就会很失望、很失落，甚至以后都不会再光顾了。一般情况下，服装店都有自己的服装风格，从而形成自己的老顾客群体。但是服装的风格又不可能一成不变，所以，当服装的整体风格出现较大的改动时，服装销售人员一定要关注老顾客的反应，努力让他们认同新的风格，不让这部分顾客流失。

话术模板

话术模板1　"老顾客就是老顾客,一点细微的变化都瞒不过您。我们是想着到年底了大家都会走亲访友,自己的衣服要是与其他人撞衫了,会很尴尬。所以我们特意进了一批款式新颖、设计独特的衣服,让您穿出去绝对是独一无二的。您看这款,它跟我们以前的版型比较像,但是这个拉链做成了非常特别的S形,很吸引人,您试试就能看到效果了。"

※ 先夸赞顾客细心,然后把"花哨"的风格变化与顾客的利益结合起来讲,让顾客觉得这家店很贴心、很细致,从而对服装销售人员推荐的衣服也产生兴趣。

话术模板2　服装销售人员:"呵呵,大姐,老顾客光临,有失远迎啊。您刚才说衣服太花哨,您是指款式还是图案呢?"

顾客:"这衣服怎么整这么多花花绿绿的图案啊,看得人眼睛都花了!"

服装销售人员:"呵呵,很多顾客都这样说,这种设计确实比较大胆一些。今年这几种图案都很流行,所以我们就设计了这些款式。您的肤色这么白,穿上这种款式一点儿也不显花哨,再配上您褐色的卷发,反而会很时尚,不信您试试……"

※ 如果服装销售人员不清楚顾客具体指的是什么问题,可以直接询问,然后再给予解释。服装销售人员在开场时用上一两句恰当的俏皮话,会让顾客觉得亲切和放松。

错误提醒

错误提醒1　"这可是最新流行的款式!"
※ 意指顾客见识浅,不懂流行趋势。
错误提醒2　"大家都喜欢这种风格啊。"
※ 意指顾客很另类。

技巧运用

把顾客的疑虑转变为购买的理由

顾客的疑虑是服装销售人员的机会,因为疑虑表明顾客不了解、不熟悉、有兴趣,但又不知道是否适合自己。服装销售人员可以抓住顾客的需求,向顾客介绍服装的卖点,以及能给顾客带来的好处和改变,把顾客的疑虑转化为服装的优势，这样既打消了顾客的疑虑，也能够水到渠成地引导顾客购买。例如，顾客说服装花哨，你就可以跟顾客讲"花哨很独特""独特就不容易撞衫""独特能吸引别人的眼球""穿上后既别致又时尚"，这样就渐渐把"花哨"的缺点变成了优点，让顾客觉得确实独特，从而产生购买的欲望，这时也就把疑虑转变成了购买的理由。

情景 032　这件衣服穿在身上很奇怪

情 景描述

一位顾客觉得道具模特身上的衣服很特别，便向服装销售人员找了一件试穿。顾客穿上后左看看右看看，说："这件衣服穿在身上太奇怪了，我感觉不自在，还是算了吧，我不要了。"

行 为分析

同一款服装，看着和穿着会有不同的感受。顾客看着服装觉得很不错，试穿之后可能感觉某些地方不称心，从而放弃原来的选择。如果不知道真正的原因，服装销售人员就无法说服顾客。因此，服装销售人员要诚恳地请顾客说出真实的想法，再结合顾客的着装特色和习惯，有针对性地向顾客推荐服装。

话 术模板

话术模板1　服装销售人员："呵呵，先生，您可把我的好奇心激起来了。是哪里让您觉得奇怪呢？"

顾客："这个圆领子太紧了，让人感觉呼吸都很困难！"

服装销售人员："先生，您是不是喜欢穿领子宽松的衣服？"

顾客："反正要比这个宽松。"

服装销售人员："我明白了，先生。您稍等一下，这一款我们有宽松一点的，我马上给您取来。"

※ 当顾客对服装提出疑问和排斥时，不要紧张，可以用一些活泼的、轻松的话与顾客交流，问题解决起来也会更容易。

话术模板2 服装销售人员："大姐，可以告诉我您平时喜欢什么样式的外套吗？"

顾客："短一点的。你们这个太长，我走路时感觉会绊脚。"

服装销售人员："哦，是这样啊。您说得是，如果穿惯了短外套，突然穿这种过膝盖的外套确实很不习惯。不过冬天还是长外套合适，挡风寒啊。您穿上一两天就会习惯了。冬天一定要保护好自己，您看，这件是不是比短外套要暖和？"

※ 如果服装销售人员从顾客的穿着和试穿的服装之间发现了某些不同，可以试探着向顾客求证，然后再从顾客利益的角度介绍服装的优势。

☹ 错误提醒

错误提醒1 "这个哪里怪啊，您穿着挺好的。"

※ 没有找到问题的关键所在。

错误提醒2 "您是觉得颜色深吗？（顾客摇头）那是不是图案太花？（顾客又摇头）还是……"

※ 不要漫无目的地揣测顾客的心理，如果没有把握可以直接询问顾客。

错误提醒3 "今年很多人都喜欢这个版型。"

※ 很多人喜欢不代表这个顾客就一定喜欢。

技 巧运用

顾客对服装提出反对意见或有疑虑时，服装销售人员不要认为销售就没有希望了。这时候顾客的内心也很复杂，他们不明白为什么这件衣服穿在自己身上不合适；他们比你更想找出原因，然后找到适合自己的衣服。因此，只要服装销售人员诚恳地询问顾客的真实想法，他们会愿意告诉你问题所在。问题找到了，销售也就成功了一半。

情景033 这种面料不适合我，太显胖（瘦）

情 景描述

顾客一进店就对一款设计新潮的裤子爱不释手。在服装销售人员的鼓励下，顾客试穿了这条裤子，但是看了看镜子里的试穿效果后，很失望地说：

"这种面料不适合我，我太胖，穿上这条裤子更显胖了。"

"这种面料不太适合我，我本来就瘦，穿上这条裤子显得更瘦了。"

行 为分析

很多顾客在选购服装的时候，对自己的体形和形象总是不够自信，他们希望服装能够遮掩自己的不足，使自己看起来美丽、帅气。有时候服装确实能够达到这样的效果，这在很大程度上取决于服装销售人员或顾客的服装搭配能力。服装搭配是一个技术活，同样的款式，不同的颜色或面料，再加上不同的搭配方法，就会产生不一样的视觉效果。这需要服装销售人员在平时的工作中积累经验，多向老员工请教，多学习，从中掌握不同的服装搭配技巧。

话 术模板

话术模板1 "先生，您一点儿也不胖。不过这种颜色比较亮的面料确实会让人显得胖一点，您看看这款深蓝色竖条纹的裤子怎么样？这两条裤子的款式很像，但这一条深颜色的在视觉上有收缩感，显瘦，竖条纹还能在视觉上有拉长的效果，能让腿看起来更修长，您试试。"

※ 向顾客推荐服装时，可以运用自己的专业知识，有理有据地向顾客介绍服装，这样更容易让顾客信服。

话术模板2 "先生，虽然您很瘦，可是一看就知道您经常锻炼，身体很棒。这种紧致的面料确实不太适合您。看您这么喜欢这个款式，您试试这件吧，米色在视觉上有一种扩张感。"

※ 先夸赞顾客，让顾客充满信心，再提供专业的建议和服装推荐，引导顾客重新试穿。

错误提醒

错误提醒1 "您穿这件衣服已经不怎么显胖啦，别的面料还没这效果呢。"

※ 意指顾客确实很胖，而不是面料的问题。

错误提醒2 "这款还行，挺合适的，您穿几天就会松了。"

※ 不重视顾客的感受，只想把衣服卖出去。

错误提醒3 "瘦多好啊，很多人想瘦还瘦不来呢。"

※ 没有抓住顾客话语里的主要问题。

技 巧运用

顾客的体形有胖有瘦，这很正常，服装销售人员在平时的工作中要多观察、多请教、多总结，总结各种体形的顾客穿什么服装合适、怎么搭配好看。经验越多搭配水平也会越来越高，也更容易赢得顾客的信赖。

第 2 节　款式问题这样赞

情景034　我可不想跟别人穿一样的衣服

情 景描述

某服装店内，顾客取下一款服装，在身上比了一下，然后又放了回去。服装销售人员告诉顾客"比一下看不出效果"，于是请顾客试穿。顾客撇撇嘴说："今年满大街都是这种衣服，我可不想跟别人穿一样的衣服。"

行 为分析

求新、求异和追求时尚是大部分顾客购买服装时的普遍想法。他们希望自己购买的服装是独特的、与众不同的。虽然有时候服装的其他方面都很不错，但顾客还是有可能为了避免与亲朋好友或其他顾客穿同一款衣服而放弃购买。在这种情况下，服装销售人员可以向顾客推荐其他款式，或者把这款服装的独特之处强调一下，让顾客真正感觉到差别和特色，从心理上接受这个款式。

话 术模板

话术模板 1　"您说得对，今年这个款式确实卖得特别火。但是您肯定也知道，毛衣外面总要搭配外套或小装饰品，不同的人搭配可能会有不同的效果。我看您身上这套就搭得很时尚，说明您是一个时尚达人。您身材这么好，又这么会搭配，穿上的效果肯定和别人不一样，您说是不是？您去里边试试吧。"

※ 承认顾客说的事实，然后抓住顾客善于搭配这一优点称赞一番，让顾客自信满满地去试穿。

话术模板2 "看来您真是一个时尚的人，什么时候流行什么您都知道。这种款式现在确实非常火，但是您细看一下就会发现，我们店里的这一款跟别的不同。您看，我们这里是收腰的，能够更好地显出身材，还有领口这里加了一圈藏饰，这样就和大街上那种乖乖女的风格不同了，多了一种民族风情，而且又时尚又个性，您试试……"

※ 突出这一款服装与普通款式的差别，强调这款服装能给顾客带来的独特感受，从而满足顾客追求个性化的心理。

话术模板3 （顾客仍然不喜欢这款服装）"小姐，您真有个性。那您看看这边几款怎么样？这是我们新推出来的，款式特别新颖。"

※ 在无法说服顾客的情况下，转而推荐其他款式，可以根据顾客追求个性化的心理，强调推荐的服装是独特的，给顾客一个先入为主的好印象。

😞 错误提醒

错误提醒1 "都穿这款说明我们的服装受欢迎啊。"
※ 没有正面回答顾客的疑问，自然也就不能消除顾客的疑虑。

错误提醒2 "您要想与众不同，那就只能买限量版的了。"
※ 这是明显的挑衅，容易激怒顾客。

技 巧运用

激发顾客的联想

在顾客从注意服装到做出购买决定的过程中，心理变化大致可以分为七个阶段，如图3-5所示。

其中最关键的阶段就是"产生联想"。顾客开始只是对服装有好感，有一点兴趣，但如果进入了联想阶段，想到了这件服装穿在自己身上是什么样子，会引起身边的人什么样的反应，这样将服装与自己联系起来后，顾客就很容易对服装产生一定的情感和想拥有的欲望，这样才能顺利过渡到购买行动上。

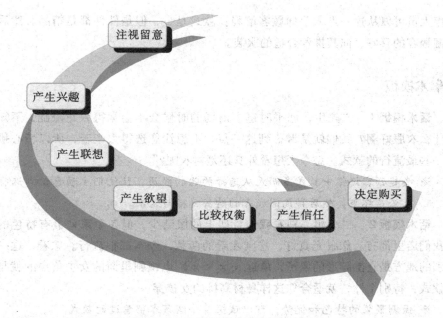

图 3-5　顾客购买服装过程中的心理变化

因此，要促成销售，服装销售人员必须学会激发顾客的联想。激发联想的方式可以是展示服装、让顾客触摸或试穿服装，还可以运用启发性的语言等。

情景 035　你们店的服装款式太少了

情 景描述

顾客在店里转了一圈，比了比几款服装，都不怎么满意，于是对服装销售人员说："你们店的服装款式太少了吧。"

行 为分析

现在的服装风格和款式各式各样，对顾客来说，一方面可供选择的范围非常大，可以尽情地选择自己喜欢的服装；另一方面，太多的选择也会让人感到很头疼，不知道选什么，不知道怎么选，从这个方面来说，款式少未必是坏事。服装销售人员可以从这一点入手向顾客解释：款式是少，但是件件都是精品。然后再挖掘顾客的喜好，向其推荐合适的服装。

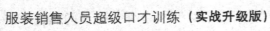

话术模板

话术模板 1 "先生，您平时逛大商场的时候会不会觉得眼花缭乱，不知道选什么衣服好啊？我们就是考虑到这一点，不想让您选得太辛苦，所以精心挑选了一些最流行的款式。您今天想看外套还是衬衣呢？"

※ 唤起顾客记忆中款式多而无从选择的购物经历，让他们主动意识到选择少未必是坏事，然后再询问顾客的购买目标与需求。

话术模板 2 "小姐，别看我们货架上的服装少，但各个系列最有特色的款式我们店里都有。您眼光真好，您刚才看的两款，今年都很流行。您看，这一款特别的地方是它围脖形的领子，最近《×××》电视剧里面的女主角穿的就是这种款式，特别个性，就适合您这样身材高挑的女孩穿……"

※ 强调服装的特色和优势，可以试探着介绍顾客留意过的款式。

话术模板 3 "小姐，您说得对，我们店里的款式确实不多，我们是专门做韩版服装的。您看，这里的每一款都是最流行的韩版款式。看您身上这件韩版毛衣精致又时尚，就知道您一定很会挑衣服。您喜欢什么样式的呢？"

※ 结合顾客的穿着打扮向其介绍店内服装的风格，然后再顺势询问顾客的需求。

😞 错误提醒

错误提醒 1 "新品过两天就上架了。"

※ 顾客很少会等着新品上架再来挑选。

错误提醒 2 "我们店里一共有××款，已经不少啦。"

※ 款式的多少与顾客没有多大关系，不能吸引他们的注意。

错误提醒 3 "少吗？我不觉得呀。"

※ 自说自话，没有说服力。

技 巧运用

服装销售人员要对自己和店里的服装充满信心

顾客在购物的时候难免会对服装、品牌、店面，甚至对服装销售人员有一些负面评价，这很正常。服装销售人员不能因为顾客的某句话而怀疑自己，要始终对自己和店里的服装充满信心。服装销售人员只有说服了自己，才有可能说服别人。顾客可以向服装销售人员传达负面评价，而服装销售人员可以自信而礼貌地告诉顾客：服装的特色是什么，优势在哪里，服装又能为顾客带来什么样的好处。

情景036　这种样式还有没有其他款式的

情 景描述

顾客拿起货架上的一款衣服在身前比了一下，然后问服装销售人员："这种样式的衣服还有没有其他款式的？"

行 为分析

许多顾客在购买某款服装之前，往往都只有一个模糊的购买目标，他们需要不断地看，不断进行比较，然后购买目标才会渐渐变得清晰起来。在顾客的购买目标还不明确的时候，服装销售人员要根据顾客的喜好与需求，向其提供尽量多的选择，然后帮助顾客一步步缩小选择范围，明确选择标准，最终找到适合顾客的服装。

话 术模板

话术模板1　服装销售人员："小姐，看来您很喜欢这种款式，是吗？"

顾客："是的。"

服装销售人员："在我们店这种款式的衣服有两种面料，一种是亚麻的，一种是纯棉的。您看一下这两种，您比较喜欢哪种面料呢？"

顾客："我平时穿纯棉的比较多。"

服装销售人员："您有特别喜欢的颜色吗？"

顾客："淡一点的颜色吧，我不喜欢深色。"

服装销售人员："您比较喜欢颜色淡一些的纯棉衣服，是吧？那您看看这两款，淡紫色和淡黄色的，您觉得怎么样？"

※ 漏斗式提问法，帮助目标不明确的顾客一步步缩小选择的范围，直到找到合适的服装。

话术模板2 "小姐，很抱歉，这种款式本来还有一种黑色的，但是昨天已经卖断货了。这款米色的就剩2件了。您肤色这么白净，穿米色的比较合适，而且显身材，您可以穿上试试。"（向顾客展示服装，并请顾客试穿）

※ 当顾客询问的服装没有货时，服装销售人员应礼貌地说明，并强调现有服装的优点，积极引导顾客试穿。

错误提醒

错误提醒1 "没货了，卖完了！"

※ 态度不礼貌，太消极，会扫了顾客的购买兴致。

错误提醒2 "有啊，都在货架上呢。"

※ 没有服务意识，缺乏服务热情。

错误提醒3 "这种款式一共有七种，您看看……"

※ 一次性给顾客太多的选择，会让顾客无从下手，最终很容易放弃购买。

技 巧运用

技巧运用1 漏斗式提问法

当顾客的需求不明确或在多款服装之间难以选择的时候，服装销售人员可以采用漏斗式提问法，即由宽到窄、由大到小地提出问题，一步步缩小选择的范围，直至找到顾客满意的服装。如图3-6所示。

技巧运用2 少用否定，多用肯定

顾客想要的服装颜色、款式或面料，店里没有或者缺货时怎么办？一般情况下服装销售人员习惯以简单消极的"没货""卖完了"来回应顾客，而顾客接收到这类回答后一般也会很快离开，因为在他们看来，这家店的服装销售人员既不热情，服装品类又少。这对服装店的形象和服装销售人员的业绩都有害而无益。

服装销售人员要少用否定，多用肯定。这既是一种积极主动的心态，也是一种必须掌握的工作技巧。例如，当缺货时，服装销售人员可以说"卖得很火""断货了"，然后再向顾客推荐款式风格相近的服装。这样既给顾客一种生意红火的好印象，又让顾客对你的推荐多了几分信心和期待。

示例

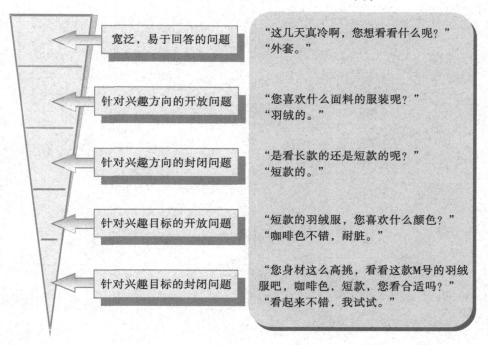

图 3-6　漏斗式提问法

Chapter 4

第4章
品质疑虑这样消

◆ 不能试，我怎么知道质量好不好

◆ 这件衣服真的是纯棉的吗

◆ 这件纯棉衣服会不会缩水

◆ 这款牛仔裤会不会褪色

◆ 做工太粗糙，扣子都快掉了

◆ 顾客的同伴说羽绒服总是跑绒

◆ 这件皮衣穿几个月就会起裂纹

◆ 这件衣服要干洗，太不划算了

◆ 自卖自夸，你们的话不能信

◆ 你们的服装品牌我没有听说过

◆ 你们的服装和 A 品牌相比，谁的服装质量好

◆ 总是这几款，不如那家的款式新

顾客在选购服装的时候，总会对服装品牌、服装本身、店面装潢、售后服务等直接关系到服装品质的问题提出自己的疑虑，进而影响顾客的购买决策。作为服装销售人员，既要善于挖掘顾客对质量问题存在的疑虑以及产生疑虑的原因，更要以自身的专业知识和沟通技能及时消除顾客的疑虑，这样才有望顺利实现销售。

服装销售人员在了解顾客对品质的疑虑，以及应对顾客的疑虑的过程中，需要掌握哪些基本的知识和技能呢？如图4-1所示。

- **企业知识**：企业品牌的知名度、风格与定位、品牌历史、企业的规模与实力等
- **产品知识**：服装品牌，价格，款式风格，面料及成分比例，尺码与型号，工艺与生产流程，穿着、洗涤与保养的方法，库存状况，流行趋势，搭配技巧，产品与竞争者的优劣势比较，售后服务，销售业绩，市场评价
- **顾客心理**：顾客类型、购买动机、购买心理等
- **服务心态**：自尊、自信、积极主动

图4-1　解决顾客的品质疑虑需具备的知识和技能

第1节 服装质量疑虑这样消

情景037 不能试，我怎么知道质量好不好

情 景描述

某内衣店内，顾客对一款内衣的样式和颜色都很满意，尺码也合适。服装销售人员试探着问顾客要不要给她把内衣包装起来，顾客犹豫地说："这内衣又不能试，我怎么知道质量好不好呢？"

行 为分析

一些贴身服装，如内衣、内裤、泳衣、泳裤等，出于健康和卫生的考虑，一般情况下是不能试穿的。服装店有这样的规定，顾客也能够理解和接受。但是不试穿，顾客又对服装的质量不放心，并且这类服装在出现质量问题时，退换起来也非常困难。在这种情况下，服装销售人员只有先打消顾客对服装质量的疑虑，才能最终说服顾客做出购买决定。

话 术模板

话术模板1 "您的担心我能理解。我给您打开包装，您可以看看服装的质量。我们的产品已经连续三年获得'消费者满意品牌'的荣誉，我们的服装在每一次质量检查中都是合格。对我们的服装的质量，您可以绝对放心。"

※ 利用事实和证据获得顾客对服装质量的认可。

话术模板2 "我明白您的心情，贴身的衣物确实要质量过硬才行。您平时应该看过我们这个品牌的广告，由××代言的。您也知道，现在名人代言也是需要负责任的，××已经连续三年代言我们的品牌了，这说明她对我们的服装质量也是有信心的。您说对不对？"

※ 利用名人效应来获得顾客对服装质量的认可。

话术模板3 "您看我们这个服装店，不在商业中心，位置很偏，可是每天还是有很多顾客找过来。为什么呢？贴身衣服不能试，所以要买只能到放心的地方买。这一款无论是样式还是颜色都特别受女士们的喜欢，我们每天卖出30多件，您看刚才的那位大姐，一买就是3件。老顾客这么相信我们，我们不会砸自己的品牌的。您就放心吧，质量绝对没问题！"

※ 利用从众效应来打消顾客的疑虑。

话术模板4 "嗯，很多顾客都和您有一样的想法。您洗的时候要注意……晾晒的时候注意……如果您按照我说的方法使用还是出现了问题，您尽管拿回来退换。我们的服装店在这里开了3年了，绝对不会欺骗顾客的，您放心吧！"

※ 利用特别的服务承诺来打消顾客的疑虑。

☹ 错误提醒

错误提醒1 "您可以自己看看面料啊，看一眼不就知道质量是好是坏了吗。"

※ 说服力不够，语气太强硬。

错误提醒2 "您怎么就不相信我们呢？"

※ 有埋怨顾客的意思，容易使双方发生争执。

错误提醒3 "您买回去，穿着有问题了再拿回来。"

※ 话说得不清不楚，不能有效打消顾客的疑虑。

技 巧运用

服装销售人员在向顾客介绍服装，消除顾客疑虑、甚至是促进交易的时候，不能一直向顾客灌输服装产品的信息。可以借助外界的、他人的力量来增强销售语言的力度与可信度。常用的方法如图4-2所示。

1	**产品体验法** 通过顾客对服装的切身体验和感受来打动顾客
2	**事实证据法** 利用服装的图片、宣传资料、说明书、统计数据、市场调查资料、权威机构的评价、生产许可证、获奖证书、鉴定书等作为服装品质和优势的佐证
3	**名人效应法** 通过社会知名人士或在顾客生活圈子中有重要影响力的人物对服装的评价或体验，来赢得顾客的认可与信赖
4	**从众效应法** 利用大众消费群体对服装的信赖和好评来打动顾客
5	**特别承诺法** 对服装质量和售后服务做出可控制、可达成的特别承诺，以增强顾客的购买信心

图4-2 服装销售人员打消顾客疑虑的方法

情景038 这件衣服真的是纯棉的吗

情 景描述

顾客仔细看了看一款衣服吊牌上的产品说明，然后问服装销售人员："这件衣服真的是纯棉的吗？"

行 为分析

服装面料直接影响顾客穿着的感觉。纯棉的服装柔软舒适，吸湿透气，不刺激皮肤，很受顾客的喜爱。但是优质的纯棉服装成本很高，一些厂商便以次充好，在档次较低的混纺甚至全化纤服装上打上纯棉的标签。因此，顾客在选购时，即使对标有"100％纯棉"的服装也难免会持怀疑态度。

话术模板

话术模板1 "大哥，我理解您，您是担心我们'挂羊头，卖狗肉'，对吧？呵呵，您放心吧，我们的每一款服装都经过严格的质量检查，在质量方面绝对不会欺骗顾客的。纯棉的手感特别柔和，这件是不是纯棉，我说了不管用，您试一试就知道了。"

※ 用轻松幽默的话语道出顾客的心声，以服装的口碑为保证打消顾客的疑
　 虑，抓住机会邀请顾客试穿以便亲自体验服装的质量。

话术模板2 "大姐，现在确实有很多以次充好的衣服，也难怪您会担心这件衣服的质量。其实，要看一件衣服是不是纯棉的很好办。（稍微停顿一会儿，等顾客的兴趣和注意力集中以后继续介绍）棉纱很坚韧，弹性要比化纤的弱很多，我把这件衣服折一下，压一压，再展开，您看，这个褶痕越明显，说明含棉量越高。纯棉的衣服能够拉扯的幅度小，拉扯后恢复的速度慢，不像化纤衣服，拉一下，'嗖'地一下就弹回去了。来，您自己试试。"

※ 现身说"法"，以有理有力的试验来证明服装的质量，既能激发起顾客的
　 兴趣，让他们学到实用的鉴别技巧，又能让顾客对质量放心。

话术模板3 "小姐，我跟您说实话，这款衣服确实不是100%纯棉的。您也知道，纯棉的衣服穿着舒服，但是也容易缩水、褪色；夏天出汗多，还容易留下汗渍。我们这款是80%的棉，20%的涤纶，您看，吊牌上写着呢。它穿起来和纯棉的服装一样舒适，不褪色也不缩水，很多顾客都看好这款呢。您试一试，保证和纯棉的一样柔软舒服。"

※ 当服装确非纯棉面料时，可以坦率地告诉顾客服装的材质，以赢得顾客的
　 信任，然后强调服装材质与纯棉相比的独特优势，让顾客对服装产生好
　 感，加上从众效应的影响，使顾客乐意体验试穿。

😞 错误提醒

错误提醒1 "吊牌上写了是纯棉的就是纯棉的！"

※ 顾客之所以提出疑问，就是因为对吊牌上的说明不太相信。这样的回答仍
　 无法有效打消顾客的疑虑。

错误提醒2 "是纯棉的，绝对是纯棉的。"

※ 有论点无论据，还是难以让顾客信服。

错误提醒3　　"应该是纯棉的吧。"

※ 切忌模棱两可的回答。

技 巧运用

技巧运用1　　"干一行，爱一行"，作为服装销售人员，首先要熟悉服装的每一种属性：面料、制作工艺、设计原理、流行性、市场认可情况等。不仅要熟悉，还要能以可信可见的事实向顾客证明。这需要服装销售人员在平时的工作中多学习和积累。

技巧运用2　　作为服装销售人员，必须要掌握有关服装材料的专业知识。具体内容如图4-3所示。

图4-3　服装销售人员应掌握的有关服装材料的知识

服装销售人员只有对这些知识了如指掌，才能在向顾客介绍服装时讲得出道理、摆得出事实，才能让顾客更加信服，并从服装销售人员的介绍中学到鉴别的方法和技巧。

情景039　这件纯棉衣服会不会缩水

情 景描述

顾客一连看了好几款T恤，最后拿起了一件纯棉的，对着穿衣镜比了一下，大小正好合适，于是问服装销售人员："这件纯棉的 T 恤会缩水吗？"

行为分析

纯棉的衣物穿着非常舒适，但很容易出现缩水的现象，对服装面料稍微了解一点的顾客都知道这个常识。然而顾客选购服装时都想追求完美，希望纯棉的衣物既舒服又不会缩水。遇到这种情况时，服装销售人员要实事求是，既不要夸大服装的优点，也不要掩盖服装的缺点，更重要的是要有足够的自信。在向顾客做出合理的解释后，服装销售人员要适时将顾客的注意力转移到其他话题上，如服装的特色、试穿体验等。

话术模板

话术模板 1 "小姐，一看您就是选衣服的行家，您肯定也知道，只要是全棉的衣服一般都会有轻微的缩水。市场上其他的纯棉服装缩水率一般在 5% 左右，而我们的服装的缩水率控制在 2% 以下，而且我们店里纯棉的衣服都会偏大一点，这样在轻微的缩水后衣服还是会很合身。纯棉的衣服不仅穿着舒适，而且卫生，您试试吧。"

※ 诚恳地向顾客说明实际情况，强调为了防止服装缩水而做出的改进，语调要真诚而自信。不要在"缩水"的问题上纠缠太久，要将话题转移到服装的介绍和邀请试穿上。

话术模板 2 "小姐，您这个问题可问到点子上了。我们卖这个品牌的服装有 10 年时间了，纯棉服装一直是我们的主打产品。这款服装用的是最经典、最畅销的纯棉面料，它经过了特殊的工艺处理，只要您按照吊牌上的说明来洗涤，是不会出现缩水现象的。这款 T 恤在我们店每天的销量都超过 20 件，如果质量不过关，怎么可能有这么多人买呢？不过，说得再好，都不如您自己试一试，您左手边就是试衣间。"

※ 通过品牌的力量和服装的销量来说服顾客，巧妙地以"说得好不如试得好"来引导顾客将注意力转移到试穿上。

话术模板 3 （顾客试穿后决定购买）"小姐，纯棉的衣服舒适、好看，但它也需要好好保护。您洗的时候不要太用力，也不要拧得太干，晾在通风的地方自然风干就好，吊牌上都有说明。看您身上的这件外套保养得这么好，就知道您肯定对这些都有所了解。我帮您把衣服包装起来吧。"

※ 未雨绸缪。纯棉的衣服在洗涤保养上有讲究，最好在顾客决定购买后简要
说明，以防止不正确的洗涤方法造成服装损坏。

😞 错误提醒

错误提醒 1 "我们的衣服绝对不会缩水的。"

※ 话说得太绝对，不给自己留后路。

错误提醒 2 "您放心吧，我卖了那么多衣服都没听说过会缩水。"

※ 容易为售后环节制造纠纷和矛盾。

错误提醒 3 "您可以这样保养，就不会缩水了：一、……；二、……；三、……"

※ 在顾客还没决定购买时，这样罗列保养事项只会让顾客知难而退。

技 巧运用

技巧运用 1   不随便给顾客承诺

在顾客对服装有疑虑，或者在成交关头犹豫不决的时候，服装销售人员不要为了促成销售而随口对顾客做出承诺。给出了承诺必须能够保证完成，一旦许下的承诺实现不了，顾客极有可能彻底丧失对品牌、服装以及服装销售人员的信任。

技巧运用 2   麻烦事项延后说

大部分顾客都怕麻烦，而很多服装的洗涤、晾晒、保养都需要花费一些心思和精力，这些事项说得太早，于是会嫌麻烦而拒绝购买；如果不说明，又会给售后工作留下隐患。因此，服装的洗涤和保养要尽量放在顾客决定购买之后再说明。

情景 040   这款牛仔裤会不会褪色

情 景描述

顾客选了一款牛仔裤，试穿后感觉效果很不错，于是问服装销售人员："这条裤子穿起来还可以，但以前我买的牛仔裤都褪色，你们的这款会褪色吗?"

行 为分析

"吃一堑，长一智"，顾客如果有过不佳的购物体验，当再次购买时就会很谨慎。服装销售人员可以先引导顾客将之前购物的不满宣泄出来，这样既让顾客在不满情被绪释放之后能够认真地听取你的服装介绍，又能使服装销售人员从顾客的话语中发现问题和机会。

话 术模板

服装销售人员："您以前买的牛仔裤褪色很严重吗？是在我们店买的吗？"

顾客："不是你们店的。褪色很严重，几乎是每次洗都会褪色。"

话术模板1 "先生，牛仔裤刚开始洗一般都会褪色，但是像您说的每次洗都会褪色确实不太正常，难怪您会这么担心。我们的这款牛仔裤您尽管放心，它一直是我们店销量最好的一款，因为它款式经典，而且用的是优质的丹宁布，第一次洗只会有轻微的褪色。看，您穿这条裤子多合身啊，又酷又时尚。您是想直接穿着走还是我帮您包装起来呢？"

※ 在顾客对服装非常满意的情况下，服装销售人员可以简要地回答顾客关于"褪色"的问题，但仍要将重点放在赞美顾客的穿着效果上，并试探着发出成交信号。

话术模板2 "小姐，新买的牛仔裤第一次洗时都会有一点褪色。我告诉您一个小妙招吧，您可以把新裤子用白醋或盐加清水泡几个小时，然后再洗，这样就不会褪色了。我们的很多顾客都是照这个方法做的，都说效果不错呢，您也可以试试。这条裤子把您的身材全突显出来了，要不您就穿着走，我现在给您开票吧。"

※ 可以向顾客介绍一些防止褪色的方法，并以其他顾客的体验为例，解除顾客的担忧，然后再将重点拉回到服装销售上来。

😞 错误提醒

错误提醒1 "牛仔裤都会褪色，这很正常。"

※ 没有帮助顾客解开疑团，很难引向成交。

错误提醒2 "开始洗的时候会有点儿褪色。"

※ 一点儿是多少？顾客心里会更加疑惑。

错误提醒 3 "这裤子多洗几次就不褪色了。"

※ 顾客会觉得你说话不实在。

技 巧运用

给信心，不承诺，巧转移

很多服装因为采用的面料或工艺大致相同，使用时会出现一些类似的问题。例如，纯棉服装可能会缩水、起皱，牛仔裤可能会褪色，皮革类服装容易起裂纹等。只要服装的性能指标在标准范围内，出现这些情况都是正常现象。

当顾客问及这类问题时，服装销售人员的处理方法应该是：给信心，不承诺，巧转移。具体是指通过产品的销量、产品的检验文件、其他顾客的评价、品牌的口碑和信誉等因素来增强顾客对服装的信心。但是不能说大话，不能给出直接的、具体的承诺。最重要的是，在简要的解释后，要把顾客的注意力转移到服装特色、整体效果、试穿引导等对销售有利的话题上来。

情景 041 做工太粗糙，扣子都快掉了

情 景描述

顾客细心地对比了几款外套之后，拿起其中的一款刚想试穿，却停了下来，指着衣服对服装销售人员说："你们是品牌店，衣服的价格也不低，这件衣服的做工怎么这么粗糙呢？你看，扣子都快掉了！"

行 为分析

顾客进入一家服装店时，往往都会有一个期望值。服装品牌的知名度越高，店面装潢越精致，服装的价格和档次越高，顾客的心理期望值也就越高。如果顾客发现店内服装存在瑕疵，即使是很细微的缺陷，也会让顾客产生疑虑。小问题如果不及时解决，顾客就会将这个问题放大，甚至会失去购买的信心和兴趣。

话 术模板

话术模板 1 "先生，很抱歉，这是我早上检查衣服的时候不仔细，谢谢您

给我指出来。您稍等一下，我马上拿一件全新的给您试试。"

※ 诚恳地向顾客道歉，并即刻改正。真诚与速度能体现服装销售人员的认真
　　与诚意。

话术模板2 "小姐，真是谢谢您给我们指出来，如果我们不注意而把这件
衣服卖出去了，店长肯定会罚我们的。来，您拿这件全新的试试吧。"

※ 对顾客提出的问题，首先要表示感谢，然后说出店里对这类问题的处理方
　　法，这可以让顾客清楚地感受到企业对质量的重视，从而使顾客恢复对服
　　装的信心。

😞 错误提醒

错误提醒1 "哦，这件是样衣，每天试穿的人多，可能扣子就松了。"

※ 不要一出现问题就找借口。

错误提醒2 "您就先试这件吧，试好了我拿一件新的给您。"

※ 拖延处理，不重视质量，让顾客很难再信服。

错误提醒3 "新衣服的扣子都这样，回家缝缝就好了。"

※ 敷衍搪塞，不重视服装质量，自然也难有销量。

技 巧运用

　　服装销售人员对店内的每一款服装都要勤检查，做到每天上岗前检查一遍，
清闲时也可以检查，将服装递给顾客试穿时也应当检查。这样做既能有效防损，
又能及时发现瑕疵与问题。终端无小事，现在服装行业竞争激烈，服装的款式与
面料、店面的装潢等对顾客的购买行为产生的影响越来越小。因此，关注细节、
关注服务质量越来越重要。服装销售人员如果做好每一个小细节，累积起来就能
提高服装店的竞争力。

情景042　顾客的同伴说羽绒服总是跑绒

情 景描述

　　顾客连声称赞展示架上的一款羽绒服款式漂亮，而顾客的同伴却拉了拉顾客

说："去年我在这家服装店买过一件羽绒服，总是跑绒，质量不好。"

行 为分析

很多顾客都喜欢结伴购物，并且很看重同伴的意见和评价。同伴正面的评价会对销售的达成起到很大的促进作用，而负面的评价则会给成交制造很大的障碍。因此，同伴的话很重要。在同伴提出反对意见的情况下，服装销售人员不应消极回避，也不要激烈地与对方争辩，而是应该首先调整心态，找出顾客同伴对服装不满意的具体原因，再巧妙地化解反对意见，促进销售的达成，并改变顾客同伴对服装的负面印象。

话 术模板

话术模板1 服装销售人员（对顾客的同伴）："小姐，原来您是我们的老顾客啊。您买的羽绒服平时是怎么洗的呢？"

顾客的同伴："我买的是长款，只能用洗衣机洗。"

服装销售人员（对顾客及其同伴）："羽绒服最好不要用洗衣机洗，因为羽绒的纤维强度低，洗衣机一搅就会搅碎，这样就容易跑绒。您肯定会想，不能机洗，又不适合干洗，那手洗多麻烦啊，是不是？您放心，我们这款羽绒服用的是进口面料，经过了纳米技术处理，非常耐脏；就算脏了，手洗的时候轻轻地揉搓一下就干净了。羽绒服少洗，这样才不容易跑绒。您看这件羽绒服的款式和颜色跟您的肤色多搭配啊，您试试吧。"

　※ 告知顾客正确的洗涤方式，强调服装的面料特色，消除顾客的疑虑，并引
　　 导其试穿。

话术模板2 （对顾客的同伴）"小姐，对于您在我们店买的衣服出现这样的问题，我们深感抱歉。不过您放心，我们对卖出去的每一款服装都会负责到底的。您下次可以把衣服带过来，我们店免费为您加一层里衬，这样就不会出现跑绒的现象了。"

（对顾客及其同伴）"羽绒服跑绒确实是一个让人很头疼的问题，但是您看的这一款不一样，这款用的里料是杜邦面料，密度和牢度都非常好，而且我们特意做了两层里衬，小羽绒想跑出来也找不到缝啊。这款羽绒服不仅质量好，而且款式很新颖，特别适合时尚个性的女孩子，您试试吧。"

　※ 先解决顾客同伴的问题，让顾客感受到服装销售人员的负责和诚意，然后
　　 再针对"跑绒"问题来介绍服装的特点和优势，彻底打消顾客的疑虑。

错误提醒

错误提醒1 "羽绒服都会跑绒。"

※ 逃避解决不了问题，不要为自己的服装质量问题找借口。

错误提醒2 "放心，这款羽绒服不会跑绒的。"

※ 随口而出的承诺，缺乏底气，说服不了顾客。

错误提醒3 "我们可是按标准生产的，怎么会跑绒呢！"

※ 意指顾客的同伴在说谎。

技 巧运用

技巧运用1 不能与顾客的同伴针锋相对。当矛盾升级时，顾客在服装销售人员与同伴之间永远会先选择熟悉的同伴。要用真诚的道歉和积极负责的处理态度来赢取顾客的好感与同伴的支持。

技巧运用2 引导顾客的同伴说出反对的理由，针对其提出的问题给出恰当合理的解释，或者采取负责任的处理方法。解决了顾客同伴的问题，服装销售人员就排除了销售中的最大阻力，并且赢得了最有力的支持者。

情景043 这件皮衣穿几个月就会起裂纹

情 景描述

顾客走近一款皮夹克，用手试了一下手感，又仔细地看了看皮革表面的质量。服装销售人员走上前，将皮夹克从衣架上取下来，建议顾客试穿。顾客却摇摇头说："我以前买过一件皮外套，还是真皮的，才穿几个月胳膊肘那儿就起裂纹了。现在都不敢买皮衣了。"

行 为分析

顾客虽然在以前的购买经历中吃过亏，却还是对同类服装感兴趣，这说明顾客还是很喜欢这类服装的。只要服装销售人员有效地解决了顾客担心的问题，恢复其对服装的信心，销售也有可能顺利达成。

话术模板

话术模板 1　"先生，确实是这样的。真皮的衣服就是娇贵，不能暴晒，不能挤压，还要经常做保养，稍微不注意就很容易起裂纹。我们的很多顾客都说皮衣穿着好看但是难打理。不过您放心，为了方便顾客，我们专门设立了皮革护理中心，只要您在我们店买皮衣，每个月都可以送过来护理一次，现在老顾客来我们店买皮衣就放心多了。这款皮衣用的是羊皮，质地柔软，穿起来不仅舒服，而且很帅气。您试试看。"

※ 以完善的售后服务来打动顾客。

话术模板 2　"先生，您说得对，皮革服装就是容易起裂纹。不过，我们这一款您放心，您看，在肘部、袖口这一圈，还有口袋这里，我们都加厚了，您捏一捏，是不是比其他地方厚？您只要按吊牌上的说明来使用，就不会出现裂纹了。真皮夹克很适合您这样的男士，穿上又潇洒又时尚。这个尺码您穿应该很合适，试试吧。"

※ 针对顾客的疑问，有重点地向其介绍服装的特色，然后以服装的穿着效果来吸引顾客试穿。

错误提醒

错误提醒 1　"我们店里的皮衣要高档一些。"

※ 意指顾客之前买的是便宜货。

错误提醒 2　"那您看看别的吧，我们除了皮衣还有很多其他面料的服装。"

※ 或许顾客就喜欢皮衣呢？

错误提醒 3　"您的皮衣是因为皮内纤维表面的油脂大量挥发，油膜被破坏了才起裂纹的。要是您之前用护理剂做一下保养，就不会出现这种问题了。"

※ 过于专业的术语会让顾客难以理解，顾客理解不了就很容易对服装失去兴趣。

技巧运用

专业问题，通俗解释

服装销售人员介绍服装是为了让顾客更好、更清楚地了解服装，因此语言要通俗易懂，不要频繁使用专业术语，要避免书面化。服装销售人员的专业化并不一定非要通过专业术语来体现，能够把专业的知识用浅显直白的语言表达出来才是真正的专业化。例如，如果有必要向顾客解释真皮起裂纹的原因，你可以尝试这样对顾客讲："跟您这么说吧，这真皮就像海绵，我们在干海绵上面加一点油，它就会变得柔软；但是油一旦挥发，海绵就很容易干裂。真皮也是这样，真皮表面起保护作用的油膜挥发了就会变干，然后就会起裂纹。要想防止这种问题发生也很简单，您定期给皮衣上一下护理剂就行了。护理剂您到哪儿都能买到，几十块钱，效果也很好。"

情景044　这件衣服要干洗，太不划算了

情 景描述

顾客看了一眼服装上的吊牌，对服装销售人员说："这衣服是挺不错的，可是说明上写着要干洗，太不划算了。"

行 为分析

很多质地或做工精良的服装在洗涤、保养方面往往会在产品说明上建议采用干洗的方法。与其他的洗涤方式相比，干洗需要顾客支付一定的费用，因此，很多顾客会觉得不划算、不经济。顾客的这种想法可以理解，服装销售人员要尽量避免同客户谈论干洗的费用，应转而强调服装的高质量和高品位。

话 术模板

话术模板1　"我理解您，干洗一次就需要20多元，长期下来也是一笔费用。不过，这正是高档服装和普通服装的区别所在。好衣服当然要好好保养，一年最多洗四次，100元都不到。这样一笔费用对您来说应该不算什么，您说是不是？"

※ 采用激将法，强调服装的档次，将服装与顾客的品位联系起来，让顾客不再犹豫。

话术模板2　"呵呵，很多顾客都有过和您一样的想法。干洗是要多花钱，但是干洗对服装面料损伤小，不会造成衣服走形、褪色或变旧。像这套高档西装，

干洗的话，两三年后还和新的一样。但是如果机洗，最多也就穿一两年。"

※ 对比不同洗涤方法之间的利弊，让顾客认同你的意见。

😞 错误提醒

错误提醒 1　"干洗一次不就 20 多元吗？"

※ 意指顾客小气，花不起 20 多元钱。

错误提醒 2　"您要不想干洗，手洗也行。"

※ 提建议要谨慎，不要提没有把握的建议。

错误提醒 3　"这种高档衣服都是干洗的。"

※ 显得顾客没见识，也没有解决顾客所关心的问题。

技 巧运用

技巧运用 1　对于有一定的支付能力又极力追求身份与品位的顾客，适度的刺激与激将法往往要比泛泛的劝说更有效果。

技巧运用 2　"是……，但是……"转折法。

当顾客提出疑虑时，不管顾客的想法有没有道理、是否正确，服装销售人员都应先认同顾客的想法，让顾客在被倾听、被认可的愉悦感中放松警惕，然后再以事实为例，委婉、间接地说服顾客，让顾客接受你的意见。常用的话术举例如下。

"是，您说得有道理……，不过……"

"是的，很多顾客和您有一样的想法呢，但是……"

"我理解您的想法，事实上……"

情景045　自卖自夸，你们的话不能信

情 景描述

顾客拿起一件衣服，里里外外看了好几遍，又往身前比了一下。这时，服装销售人员微笑着介绍了这款衣服的面料和特色。顾客听后撇撇嘴说："谁不夸自己家的东西好呢？自卖自夸，你们的话可不能信。"

行 为分析

在多数情况下，顾客在购物时都抱有一定的戒备心理，一方面他们希望与服装销售人员交流，以了解更多有关服装的信息；另一方面，他们又对服装销售人员的介绍很排斥，怕服装销售人员夸大事实，骗取他们购买。如果出现这种情况，根本的原因还是服装销售人员与顾客之间的信任感没有建立起来。顾客不信任你，所以对你的介绍半信半疑。服装销售人员要让顾客接受自己的服装，首先就要取得顾客的认同和信赖。

话 术模板

话术模板 1 "大姐，我明白您的感受，您是怕我们'王婆卖瓜，自卖自夸'对不？呵呵，您放心，我不夸，我夸一万句都不如您穿上这件衣服亲眼看看效果来得实在。来，试衣间在这边，您试试吧。"

※ 轻松的购物环境会让顾客愉悦地接受服装销售人员的试穿邀请。

话术模板 2 "大姐，您说这话我完全能理解，不诚信确实坑了很多顾客。我们店在这里开了 5 年了，我也在这儿干了 3 年了，如果我们不诚信或欺骗顾客，可能早就关门了，您说是不是？（向顾客自信地微笑）呵呵，我也不多说啦，衣服总要穿到您身上才能看出效果，您试试吧。"

※ 以店面的口碑和信誉来赢得顾客的信任，幽默、亲切的语言让顾客既感受到服装销售人员的自信，又不好意思拒绝服装销售人员的热情。

话术模板 3 "呵呵，大姐，您这话说得对。衣服质量如果不过关，我们夸得再好，您回家穿上几天就能发现，对吧？纯棉的衣服不用我多说，您试穿一下就能够感觉出来。这个尺码您穿应该合适，您进试衣间试试吧。"

※ 对顾客的担忧表示充分的认同，让顾客觉得你很实在、很真诚，从而建立起基本的信任感。

☹ 错误提醒

错误提醒 1 "您怎么这么说话啊！"

※ 不冷静，太冲动，容易与顾客发生争吵。

错误提醒 2 "我们店的衣服真的很好。"

※ 无凭无据，说服不了顾客。

错误提醒3　"爱信不信，爱买不买！"

※ 服务态度恶劣。

技 巧运用

服装销售人员面对顾客的疑虑甚至是质疑时，最重要的是保持自信。对产品自信，对品牌自信，对自己自信。有了这样的自信心，不管顾客提出什么样的问题，你都能轻轻松松、大方得体地应对。

第2节　与其他品牌对比的疑虑这样消

情景046　你们的服装品牌我没有听说过

情 景描述

顾客从店里的衣架上取下一件衣服，仔细地看了看服装的商标，抬头对服装销售人员说："你们的衣服挺好看的，但是这个牌子我没有听说过。"

行 为分析

在顾客的心目中，知名的品牌往往与可靠的质量、完善的服务联系在一起，因此很多顾客都坚持"选服装，看品牌"。服装行业的竞争非常激烈，一方面，每天都会有很多新品牌诞生；另一方面，不管多么知名的企业，都很难把品牌做到人人皆知的程度。因此，顾客没听说过这个品牌也很正常。如果目前品牌确实没有太大的知名度，你不妨坦率地承认，并抓住机会介绍自己的品牌和特色。如果品牌很知名，只是顾客没有听说过，那么不妨介绍一下品牌的历史和成就，以增强顾客对品牌的信心。需要注意的是，不管自己的品牌是否知名，都绝对不能对顾客有轻视或嘲笑的行为。

话术模板

话术模板 1 "很多顾客进店后第一句话都这么说呢。我们这个品牌确实刚进入这个城市，但我们在北京、上海、广州这些地方做得很不错，现在已经有 288 家连锁店了。初到宝地，还请您多多关照哦。就像您刚才说的那样，我们的特色就是每一款服装的样式都很新颖、很独特。您今天想看看外套还是裤子呢？"

※ 坦率地告知顾客实际情况，利用已有的成绩让顾客对服装的质量放心，用例如"初到宝地，多多关照"这样幽默的话语来营造轻松的氛围。在顾客对品牌有了初步的好感后，再转入需求的挖掘与服装的介绍。

话术模板 2 "看来您对服装这一行很了解。我们老板不喜欢做广告，他总说花钱做广告不如花钱进好材料、做好设计，广告好不如衣服好。顾客的眼睛都是雪亮的，您说是吧？拿您刚才看的这款外套来说吧，丝光棉的，其他品牌店要卖 700 多元，但我们店材料不打折，做工不打折，价格却只有其他店的三分之一，238 元，您看看……"

※ 向顾客分析做广告、树品牌与抓质量、做好衣之间的关系，让顾客自己判断哪个更实在，同时可以列举几款产品来做佐证，让顾客既得实惠，又不失信心。

话术模板 3 "您没听过这个品牌说明我们的广告做得还不到位呢。我们一般都把广告投在时尚杂志上了，很少放在电视上，所以您可能没什么印象。这几年我们一直被评为'中国十大品牌服装'。天气这么冷，您是想看看外套吗？"

※ 不要轻视顾客，可以把责任归到自己身上，避免顾客尴尬，然后介绍品牌最有说服力的成就，给顾客留下深刻的印象，消除顾客的疑虑。最后再介绍服装。

😞 错误提醒

错误提醒 1 "我们品牌是××明星代言的，经常在电视上播广告呢，您没看过吗？"

※ 顾客会觉得你在笑话他（她）没见识。

错误提醒 2 "对您来说，衣服好看不就行啦，品牌不重要。"

※ 服装销售人员对自己的品牌及企业缺乏热情和责任感。

错误提醒 3 "我们刚开始做，所以品牌不知名。"

※ 这会让顾客对服装和品牌缺乏信心，甚至失去购买兴趣。

技 巧运用

坦承不足，巧妙转化

当顾客指出服装与品牌存在的问题和不足的时候，服装销售人员要有勇气承认这些问题和不足。这种实在和坦诚的态度并不会让顾客失去兴趣与信心，反而会赢得顾客更多的信任。

每枚硬币都由两面组成，任何问题也都有两面性。当顾客指出不好的一面时，服装销售人员要勇于承认，但更要巧妙地把好的一面展示给顾客。例如，顾客说"你们的品牌不知名"，你可以回答"您说得是，我们的品牌不知名是因为我们把做广告的钱都投在制作更好的服装上了"；顾客埋怨"你们店太偏"，你可以回答"是很偏，这样租金要低很多，服装的价格也就降下来了，实惠最终还是留给了顾客"等。

情景047 你们的服装和 A 品牌相比，谁的服装质量好

情 景描述

顾客正仔细地比较几款衣服，突然抬起头问服装销售人员"你们家和 A 品牌服装的种类差不多，两家相比谁的质量更好？"

行 为分析

"货比三家"是很多顾客在选购服装的时候必有的一种心理。顾客问到本品牌和竞品品牌的差别，说明顾客正在不同品牌之间进行权衡比较，尚未做出购买决定。这时，服装销售人员应该客观地评价竞品品牌，然后根据顾客的需求和特征，强调自己品牌的优势和特色，并且要让这种优势和特色符合顾客的兴趣和喜好，这样，既不伤害竞品品牌，又凸显了自己品牌与顾客的亲密关系，能够赢得顾客的青睐。

话 术模板

话术模板1 "小姐，看来您很会选衣服。我们和 A 品牌都是国内的大品牌，质量都很不错。A 品牌的休闲服装很有特色，而我们店服装的定位是白领，服装风格要稍微职业化一些。您刚刚看的这款就很有特色，配有腰带和丝巾，穿起来很成熟又很时尚。您气质这么好，可以试试这款。"

话术模板2 "先生，您说得对，我们和 A 品牌的服装在种类与价格上都差不多，质量也都不错。不同的是，A 品牌的女装款式非常多，而我们更关注男装。您看我们店里一大半都是男装，而且款式都很新颖。就拿您刚看的这款来说吧……"

※ 大方得体地夸赞竞品的品牌，同时根据顾客的特征和需求，介绍本品牌的特色和优势，吸引顾客继续了解自己品牌的服装。

错误提醒

错误提醒1 "A 品牌就是广告做得多，名气响一点，质量可比我们的差。"
※ 直接攻击竞品的品牌，会给顾客留下不好的印象。
错误提醒2 "质量都差不多，就看您喜欢哪家的衣服了。"
※ 不能有效地吸引顾客向自己的品牌靠拢。
错误提醒3 "哪家好，这个我说不准，每个人的想法不同。"
※ 不自信，不能有效地吸引顾客。

技 巧运用

技巧运用1 顾客如果没有提到竞品的品牌，服装销售人员就尽量不要主动提及。

技巧运用2 对竞争对手要尊重、要重视，在评价竞品品牌时，不能攻击和诽谤。服装销售人员要传达给顾客这样一个信息：不是竞品的品牌不好，而是我们的品牌更好，更适合顾客。这样既能体现服装销售人员的专业与自信，又能赢得顾客的认可与信赖。

技巧运用3 多熟悉和研究竞品的品牌，对竞品了解得越多越好，越透彻越好，做到"知己知彼，百战百胜"。服装销售人员应掌握的竞品知识如图4-4所示。

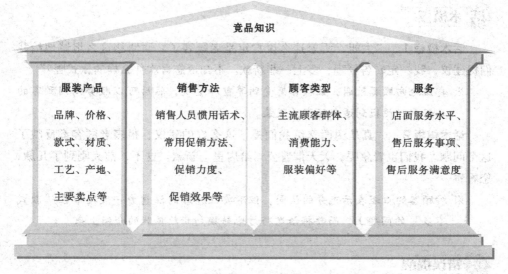

图 4-4 服装销售人员应掌握的竞品知识

情景 048 总是这几款，不如那家的款式新

情 景描述

顾客在店里转了好几圈，看了好几款服装，最后摇摇头失望地说："你们店总是这几个款式，不如旁边那家的款式新。"

行 为分析

顾客在心理上认为其他店的服装款式更新、更好，却还愿意在你的店里看衣服，还能主动把自己的想法告诉服装销售人员，说明顾客对本店还是抱有希望和感兴趣的，他们期望得到服装销售人员合理的解释与诚恳的挽留。顾客直率地提出意见，服装销售人员对此要表示感谢与重视，同时要强调本店相比其他店的独特优势，在深入挖掘顾客需求的基础上为他们推荐满意的服装。

话术模板

话术模板1 "大姐，听您这么说肯定是老顾客了。谢谢您这么坦诚地给我们提建议，我一定转告经理，多上一些新款。不知道您喜欢什么样的款式呢？"

※ 真诚地向顾客致谢，让顾客感受到尊重和重视，然后可以顺势询问顾客的喜好，以便找到适合顾客的服装。

话术模板2 "真是谢谢您给我们提了这么好的建议，很多老顾客都反映了这个问题。我们也着急呢，天天催着公司给店里上新款。这不，前天刚到了几款，您看看……"

※ 对顾客的心理表示充分的认同，但不要让顾客的注意力一直集中在"款式不多"的问题上，而要将话题巧妙地转换到新款服装的介绍上来。

错误提醒

错误提醒1 "我们店就是这些款式，您不喜欢去其他店买嘛。"
※ 在放走顾客的同时，为竞争对手培养了顾客。

错误提醒2 "那家店衣服款式是很多，但是质量不如我们店的服装。"
※ 不要攻击竞争对手。

错误提醒3 "我们衣服不少啊，您再挑挑。"
※ 对顾客的疑虑和意见视若无睹，顾客自然也不会购买本店的服装。

技巧运用

技巧运用1 没有一家服装店能满足所有顾客的需求，哪里有问题，哪里就需要改进。顾客的意见是最好的突破口，要感谢、重视、思考并总结顾客的意见与建议。

技巧运用2 "态度决定高度，格局决定结局"，服装销售人员要以主人翁的心态来工作，像店长、老板一样去思考和处理问题，始终保持对市场的关注、对同行的关注、对潮流的关注、对终端顾客的关注。当发现问题时，要及时反馈给企业，使自己的品牌永远具备先人一步的竞争力。

Chapter 5

第5章

价格异议这样排

- ◆ 顾客一听到服装的价格，转身就要离开

- ◆ 顾客试穿满意，但一问价格就不要了

- ◆ 我喜欢这件衣服，就是价格太高了

- ◆ 一模一样的衣服，人家卖得比你便宜

- ◆ 款式差不多，你们的服装比对面的价格高

- ◆ 这一条街就你们店的服装贵

- ◆ 我这人实在，再便宜50元我就买

- ◆ 顾客喜欢服装，但却一直砍价

- ◆ 一条牛仔裤400多元，太夸张了吧

- ◆ 这件衣服的面料很普通，但价格怎么这么贵

- ◆ 在家穿的衣服，没必要买这么贵的

- ◆ 我做过服装，这件衣服就值200元

- ◆ 我是老顾客，你们不能优惠点吗

- ◆ 我就剩150元了，便宜点卖给我吧

- ◆ 我都来好几趟了，你们打点折吧

- ◆ 我买3件还不打折，那我不要了

- ◆ 我是店长的朋友，总得给我折扣吧

- ◆ 我不要赠品和积分，直接打折吧

价格是顾客做出购买决定的最后一道防线，最能牵动顾客的心。在讨价还价时，顾客提出价格疑虑和价格异议时，服装销售人员绝对不能轻易让价，而要以顾客的需求和利益为中心，一方面削弱价格的影响力，另一方面强调服装的品牌和质量、价值、售后等方面的优势与特色，努力让顾客认同服装的价值，接受你的报价。在紧要关头，服装销售人员要积极寻求同事或上级的配合与协助，或者提供赠品或象征性的降价。让步必须以再三的坚持为前提，即使让步，也要让得巧妙，让得有价值。

　　大部分价格异议都可以用模板化的思路来解决。服装销售人员可先表达自己的同理心，理解顾客的想法；然后将顾客的关注点由不利于销售的话题引向有利于销售的话题，并有技巧、有重点地阐述；最后，要向顾客发出试穿邀请或成交的信号。具体如图5-1所示。

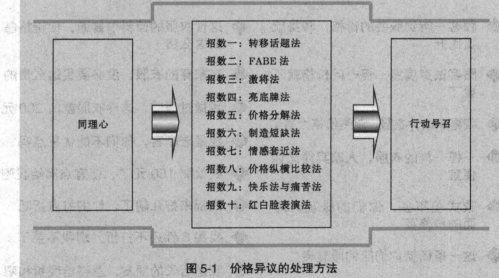

同理心

招数一：转移话题法
招数二：FABE法
招数三：激将法
招数四：亮底牌法
招数五：价格分解法
招数六：制造短缺法
招数七：情感套近法
招数八：价格纵横比较法
招数九：快乐法与痛苦法
招数十：红白脸表演法

行动号召

图5-1　价格异议的处理方法

第1节 降价异议这样排

情景049 顾客一听到服装的价格，转身就要离开

情 景描述

某服装店内，顾客的目光落在橱窗内展示的一款服装上，他翻看了一下没找到价格标签，于是向服装销售人员询问价格，可是一听到报价，顾客转身就要离开。

行 为分析

顾客对服装感兴趣，却对价格很敏感，这可能是因为服装的价格超出了顾客的预期，顾客不理解为什么这款服装卖这么高的价格；另一个可能的原因是价格超出了顾客的支付能力。顾客如果因为对价格不满意而离开，那么服装销售人员的销售机会几乎为零。因此，服装销售人员首先要想方设法留住顾客，再来打探顾客的购买预算，以便向顾客推荐合适的服装。

话 术模板

话术模板1 服装销售人员："小姐，您等一下。我想知道，如果抛开价格不谈，您觉得这款服装怎么样？"

顾客："还行，看着不错。"

服装销售人员："是啊，这件衣服最独特的地方就在于……"（介绍服装的独特卖点，顾客如果有点头、目光交流、附和等反应，那么服装销售人员可以邀请顾客试穿；如果顾客毫无反应或表示价格太高，则应转而推荐价格较低的服装）

服装销售人员："小姐，我们店还有几款服装跟这件款式很相似，价格要稍低一些，您可以看看这几款……"

※ 先留住顾客，再讲服装的独特卖点，让顾客了解服装贵的原因，如果价格

确实超出顾客的购买预算，可以转而介绍其他价位的服装。

话术模板2 "先生，很多顾客看到这款服装时都不明白它为什么卖这么贵，您听我报价格的时候是不是也觉得有点奇怪呢？"

※ 以其他顾客普遍的质疑态度做铺垫，询问顾客的真实感受，这样做既不会让顾客觉得尴尬，也容易得到顾客的回应，可以很顺利地进入对服装的介绍。

话术模板3 "呵呵，先生，我猜您心里一定在想：这衣服又不是金子做的，怎么就卖这么贵呢，是不？"

※ 可以以"我猜"的形式来表达顾客可能的心理活动，如果顾客想的问题正好被服装销售人员说中，他们会很想知道答案，即使猜错了，他们一般也会有所回应。服装销售人员在运用这种方法时，神态要轻松自然，保持微笑。

😞 错误提醒

错误提醒1 "真皮的，当然要这个价啦。"

※ 顾客会觉得受到了奚落和轻视。

错误提醒2 （轻声嘀咕）"这人，不买为什么问啊！"

※ 不要背着顾客说话或轻声嘀咕，这会让顾客很反感。

错误提醒3 沉默不语，任由顾客离开。

※ 不努力，不尝试，消极的销售态度。

技 巧运用

把握好报价时机

顾客在对服装进一步了解前，为了不想出现看上了却买不起，或者听了介绍后不想买但被服装销售人员纠缠这样的尴尬情况，他们一般都希望先知道服装价格。但对服装销售人员而言，在顾客对服装价值不了解的情况下就报价很不利。所以最好是先介绍服装，至少在先介绍完服装的核心卖点后再报价。当顾客问价时，服装销售人员可以采用忽视法或拖延法，巧妙地跳过问价，把话题转向服装介绍。忽视法和拖延法的具体内容如图5-2所示。

- **忽视法**：即不回答顾客的提问，转而让顾客接触并了解服装。忽视并不是对顾客视若无睹，相反，服装销售人员应该面带微笑，对顾客除问价之外的其他要求、动作、表情表现出高度的配合与重视。例如，顾客指着某款服装问价格，服装销售人员可以取下衣服，先让顾客试穿服装，在顾客试穿服装的时候顺势开始介绍。
- **拖延法**：即暂不回答顾客的问题，以其他话题引开顾客的注意力。例如，服装销售人员可以这样说："先生，这件衣服的价格我先跟您卖个关子，您先看看这件衣服的面料您喜不喜欢……" "小姐，像您这样的白领挑衣服，看重的就是品位和时尚，您先试试这件衣服，您试穿满意我们再谈价格也不迟啊。来，试衣间在这边。"

图 5-2　忽视法和拖延法

情景 050　顾客试穿满意，但一问价格就不要了

情 景描述

　　顾客在一款服装前打量了很久，然后接受了服装销售人员的建议进行试穿。衣服很合身，顾客也很满意，于是向服装销售人员询问价格，服装销售人员报价后，顾客吃惊地"哇"了一声，又看了看衣服，最后摇摇头，不声不响地离开了。

行 为分析

　　顾客对试穿过的服装的价格难以接受，与上一情景中顾客的表现相比，虽然都可能是因为服装的价格超过了顾客的预期，但是顾客试穿了服装，对服装已经有了初步的认识，在这种情况下消除顾客对价格的疑虑要相对容易一些。顾客对服装的满意就是服装销售人员最大的筹码。服装销售人员要淡化价格，让顾客充分认识到服装可以给他们带来的好处，让他们感觉到物有所值甚至物超所值。

话 术模板

　　话术模板 1　"先生，您是不是觉得这件衣服的价格太离谱了？其实很多顾客第一眼看价格标签的时候都很吃惊，但是只要试穿过后他们都觉得值。（稍稍停顿，

等待顾客集中注意力）这款大衣选用的是羊毛，羊毛几乎是每款高档大衣必用的面料，它的特点是保暖、气派，很适合追求品位的男士穿着，您看您穿上这件大衣，显得稳重、大气。您看这款大衣您是直接穿着走，还是我给您包装起来呢？"

※ 先借其他顾客的想法来表达你的同理心，与顾客站在同一战线上，从而赢得顾客的信任，再介绍服装，最后试探着邀请成交。

话术模板2 "大姐，跟您说实话，这件衣服第一天上架的时候，我看到价格标签也吃了一惊，但看过衣服后我就不这么想了。这件羽绒服贵就贵在羽绒上，我们用的是白鹅绒，保暖效果非常好。我们的羽绒服好好保养的话，能穿三四年。如果买一件便宜的，不仅质量没保证，每年都得买新的，这样算来还是买一件质量好的多穿几年比较划算，您说是不是？我们的服装是国内知名品牌，您穿着这款衣服，人家一看，就知道您是一个有品位的人，您说对吧？"

※ 对价格进行分解，平摊到每一年甚至每一天，让顾客的关注点从总价格转移到小价格上，从而接受服装的价格。

话术模板3 （顾客确实觉得价格高时）"先生，我看您穿这种款式的衣服确实很不错，简约、大气。我们还有几款服装的样式跟这件相似，价格要偏低一点，很多顾客都喜欢，您看看……"

※ 先称赞顾客穿着的效果，再推出能展现同等效果的服装，顾客会因此提起兴趣来，同时插一句"很多顾客都喜欢"，让顾客不会因为买不起贵的那款而感到难堪。

😞 错误提醒

错误提醒1 "先生，您多少钱肯要啊？"
※ 先挑起了价格战，让自己处于被动地位。

错误提醒2 "这款挺适合您的，穿着多好看啊。"
※ 自卖自夸，不顾顾客的想法。

错误提醒3 "您别走呀，价钱好商量。"
※ 这等于是在暗示顾客价格上有很大的降价空间。

技 巧运用

同理心＋FABE法＋行动号召

对于顾客提出的任何疑问或异议，不论是关于服装品质的，还是价格或售后服务等，服装销售人员都可以用"同理心 + FABE 法 + 行动号召"这个模式来应对，并将话题转向对销售有利的方向。"同理心 + FABE 法 + 行动号召"模式的具体内容如图 5-3 所示。

同理心	同理心是指在与顾客的沟通中，服装销售人员要换位体会顾客的情绪和想法，充分理解顾客的感受，与顾客在某个问题上取得共识。表达同理心一方面可以吸引顾客的兴趣和注意力，另一方面可以赢得顾客的信任
FABE法	● 特点（Feature）：它是什么——产品或服务的特性或功能 ● 优点（Advantage）：它能做什么——有什么用处 ● 利益（Benefit）：它能为顾客带来什么好处——产品如何满足顾客的需求 ● 证据（Evidence）：证实产品的特点、优点和利益是的确存在的
行动号召	利用产品与服务的特色、优点与利益，在不断刺激顾客的兴趣与购买欲望后，趁热打铁，邀请顾客试穿或试探性地发出成交的信号

图 5-3　"同理心 + FABE 法 + 行动号召"模式

例如，顾客说"这件衬衫太贵"时，服装销售人员可以套用上面的模式来应对。

（同理心）"我理解您的意思，这件衬衫确实比其他服装店的要贵一些。"

（特点）"您看，我们这件衣服是两件套，外面是全棉的针织衫，里面是牛津纺的全棉衬衫。"

（优点）"它既有纯棉面料的柔软舒适，又不起皱不缩水，还非常暖和。"

（利益）"夏天的时候，您可以只穿里面的衬衫，冬天比较冷，就可以把针织衫套上，一年四季都能穿。衬衫太正式，但一配上针织衫，就显得既职业又时尚，不管是上班穿还是休闲穿都是不错的选择。"

（证据）"刚刚您也看到了，在您前面的那位先生一下就买了 2 件。"

（行动号召）"您的体形看起来比那位先生好，这件衬衫您穿着也更帅气！那您是直接穿着这件衣服走，还是我给您包装起来呢？"

情景051　我喜欢这件衣服，就是价格太高了

情 景描述

顾客拿着一款衣服翻来覆去看了好几遍，犹犹豫豫地说："这件衣服的颜色、款式、面料都不错，我很喜欢，就是价格太高了。"

行 为分析

在处理价格异议时，有三个价格因素在很大程度上决定了顾客是否会实施购买行为。这三个价格是：产品价格、顾客的预期价格、顾客可支付的价格。其中，预期价格一般都会低于可支付的价格。举例如图5-4所示。

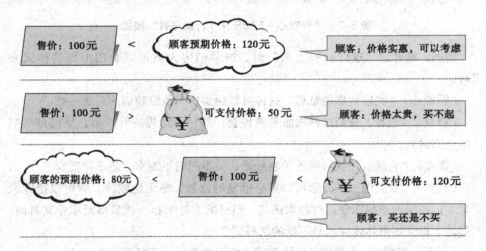

图5-4　价格因素与顾客购买决定的关系

当服装价格低于顾客的预期价格时，顾客易于接受，购买的阻力小。

当服装价格高于顾客可支付的价格时，顾客即使再喜欢，也无力承担，因此购买的可能性很小。

当服装价格高于顾客的预期价格，又在顾客的可支付范围内时，顾客的心理会很复杂，会在买还是不买之间不断徘徊。这个时候顾客提出的价格异议实际上

是在向服装销售人员求助——顾客自己下不了决心，因此期待一个外部力量来推动自己，说服自己。此时，服装销售人员需要传达这样的信息：一、价格已经是最低了；二、衣服很适合顾客；三、衣服销量好，要抓住时机抢购。接收到这些信息后，顾客才会很快做出购买决定。

话 术模板

话术模板 1　"大姐，我理解您现在的想法。不怕您笑话，以前我也喜欢逛品牌服装店，可一看价格我也舍不得买，宁愿买便宜的。可是便宜的衣服穿一阵就松松垮垮的，我又得买新的，这样一算下来，还真不如买品牌服装，穿着质量既有保证，又显得有品位。您看我身上这件就是我们店去年的款式，到今年穿还是崭新的。我觉得衣服价格贵一点没关系，但是质量一定要有保证，要适合自己，您说是不是？"

※ 情感套近法：巧妙地与顾客站在同一立场，以自己的亲身经历给顾客善意的提醒和建议，让顾客觉得亲切、可信。

话术模板 2　"先生，就像您说的那样，这件衣服的款式、面料都很好。您看，同样的衣服其他店都卖 200 多元呢，我们这一款就卖 158 元，真的是成本价了。这件衣服很有型，穿着显得帅气干练，又酷又时尚，您试试吧？"

※ 价格比较法：将价格与市场上同类服装的价格进行比较，强调价格的优势，再渲染穿着服装的效果，吸引顾客试穿。

话术模板 3　"小姐，买衣服好看、合身是最重要的，衣服再便宜，您穿上不合适，肯定也不会买，对不对？所以，您先试试吧，看看效果好不好……（顾客试穿后）小姐，这件衣服就好像为您量身设计的一样，不仅完美地展现了您的身材，而且很衬您的肤色。这买衣服还真是讲缘分，这一款最近卖得很火，现在就剩 3 件了，您要是明天来，说不定就没有了。我给您拿一套全新的包装起来吧？"

※ 制造短缺法：撇开价格不提，邀请顾客试穿，夸赞试穿后的效果，并强调服装销量很好，库存不足，让顾客心里有一种紧迫感。

☹ 错误提醒

错误提醒 1　"您既然这么喜欢就买下吧。"
※ 价格异议没有消除，顾客不可能轻松做出购买决定。

错误提醒 2　"价格已经很便宜了，隔壁那家卖 200 元呢。"

※ 意指顾客连这么"便宜"的衣服都买不起。

错误提醒3 "要不我给您拿几款价格低一点的服装您试试？"

※ 顾客已经表明了对这款服装很喜爱，服装销售人员就不应该轻易推荐其他款式。

技 巧运用

技巧运用1 情感套近法

赞美顾客、认同顾客、理解顾客，站在顾客的角度提出善意的提醒或贴心的建议，拉近与顾客的关系和感情，让顾客先认同你，然后再认同并接受你的推荐的服装。

技巧运用2 价格比较法

横向比较：将本店的服装与同行的服装进行比较，突出本店服装的质量和价格的双重优势。

纵向比较：将服装不同时期的价格进行比较，让顾客意识到现在的价格是最低的。

技巧运用3 制造短缺法

当顾客对非常喜爱的服装下不了购买决心时，服装销售人员可以向顾客说明这款服装的销量很好，库存不多，最好能拿出实际的数据，或者讲一个其他顾客因为犹豫而错过一件合适的衣服的事例作为佐证，这样，顾客在心里会有一种紧迫感，从而会快速做出购买决定。

情景052 一模一样的衣服，人家卖得比你便宜

情 景描述

顾客取下货架上的一款衣服，穿在身上试了试，感觉效果不错，然后看了一眼价格标签后疑惑地说："咦，我前几天在另一条街上看到一件与这件一模一样的衣服，可是人家比你们的便宜50多元呢！"

行 为分析

顾客砍价的方法多种多样，常见的有如下几种，如图5-5所示。

1 **见面就"砍"**——顾客一听到报价就习惯性地砍价

例如，"能便宜点不？""便宜50元卖不？""抹掉零头，100元，行吗？"等

2 **竞品压制法**——抬出竞争对手，横向对比价格，给服装销售人员施加压力

例如，"那家店的衣服款式跟你们的差不多，价钱可比你们的便宜多了。""你们××分店要便宜几十块钱呢！""对面的服装品牌比你们有名，dan都没你们卖得贵。"等

3 **障碍法**——强调客观问题或困难，为成交设置障碍

例如，"我卡里就200元，你们便宜50元卖给我吧。""我就带这么多钱，便宜点吧。""我是老顾客，你们也不打折吗？""我跟你们经理是哥们儿，你给我一个实诚价。"等

4 **挑剔法**——鸡蛋里挑骨头，不断指出服装的缺陷，以此来压低价格

例如，"这件衣服的面料也不怎么样，便宜点吧。""我不怎么喜欢这个颜色，120元，卖不卖，不卖拉倒。"等

图5-5　顾客砍价的方法

在这个情景中，顾客就是搬出了竞争对手来压制服装销售人员。其实，顾客比服装销售人员更有耐心和定力，毕竟市场上同类的服装、同类的服装店很多，顾客可选择的范围很大，所以，砍价的时候沉不住气的往往是服装销售人员。如果服装销售人员能够稳住情绪，冷静分析顾客的心理，将自己的服装与竞品之间的差异摆出来，说服顾客并不是一件困难的事。

话术模板

话术模板1　"您说得没错，自从今年三月份我们推出这款衣服后，非常受年轻人的欢迎，市面上很快就有了仿制的款式。仿制的款式看起来好像和我们的这款服装一模一样，但其实只要仔细看还是有差别的。您看这件衣服的做工，针脚细密，而且还加了精美的包边，细节最能说明问题。几十块钱对您来说肯定不是问题，选衣服还是要选质量有保证的，您说是不？"

※ 不直接攻击竞品，但要向顾客说明正品与仿制品之间的差别，同时要摆出事实，增强说服力。

话术模板2　"大姐，真是谢谢您给我们提这个醒。一看您就是操持家务的好手，肯定也知道即使同样的材料、同样的调料，不同的人做出来的菜，就算看起来一样，吃起来也会有差别，您说是不？（稍微停顿，等待顾客的反应）衣服也

是一样，同样的面料和款式，不同品牌的服装的做工还是会有差异的。您看您穿上这件衣服，多好看，显得您多有魅力！"

　　※ 用顾客熟知的事物进行类比说明，强调看起来一样的衣服还是会有差异的，并将顾客的注意力由价格转移到穿着效果上。

😞 错误提醒

错误提醒1　"是真的吗？哪条街啊？"

　　※ 不要抓住顾客的"小辫子"不放，这样会让顾客感到尴尬，同时也不能让自己从中受益。

错误提醒2　"他们的服装全是仿照我们的服装制作的！"

　　※ 直接攻击对手，会给顾客留下不好的印象。

错误提醒3　"怎么可能，只有我们的品牌有这个款式。"

　　※ 意指顾客在撒谎，不给顾客留面子。

技 巧运用

顾客摆出"莫须有"的理由时，服装销售人员只需意会，不必拆穿

　　当顾客表示疑虑、异议、怨诉时，如果摆出了"莫须有"的理由，例如，顾客说"对面服装店也有这一款，但更便宜"，而你了解的事实是对面没有这种款式的服装；顾客说"你们××分店价格便宜100多元"，而你知道公司所有分店都是统一定价；顾客说"我是老顾客了，我的衣服都是在你们这里买的"，而你观察的结果是顾客是第一次来店里买东西……遇到这些情况时，服装销售人员只需做到心中有数，不要直接拆穿顾客的谎言，也不要抓住顾客的"小辫子"不放。否则，不仅让顾客感到尴尬，同时也不能让自己从中受益，最终失去交易机会。

情景053　款式差不多，你们的服装比对面的价格高

情 景描述

　　某服装店内，顾客径直走到一款外套前，仔细看了看，又翻开吊牌看了看价格，然后对服装销售人员说："你们这件衣服的款式和对面服装店里的一款差不

多，但价格比他们高很多。"

行 为分析

顾客记住了服装的款式和价格，并用心进行了比较，这说明即使顾客没有打算立即购买，至少对这款服装感兴趣，感兴趣就有购买的可能。服装销售人员要把本店的服装与竞品之间的差异讲出来，并让顾客试穿服装，使顾客保持对服装的兴趣，刺激顾客的购买欲望。

话 术模板

话术模板 1 "小姐，很多顾客先开始都和您的想法一样，以为我们两家卖的是同一款服装呢。您再仔细看看，能看出有什么不一样吗？（顾客摇摇头）呵呵，您看，对面店的衣服上是印花图案，而我们的外套在对襟和下摆这两处是手工刺绣的图案，看起来是差不多，但穿上后档次完全不一样，价格自然也就有差别。这刺绣精美又精致您你长得这么清秀，穿上这件外套会显得更清新脱俗。真想看看您穿上是什么样子。"

※ 认同顾客的想法，然后指出服装的独特卖点，结合顾客的性格与气质描述穿着效果，让顾客跃跃欲"试"。

话术模板 2 "大姐，您说得对，我们两家店的这件衣服确实是同一个款式，就是面料不一样。对面店的是涤纶的，我们这款是纯棉的，所以在价格上我们这一款要贵一些。如果是您自己挑衣服，我觉得涤纶的也不错，因为它弹性好、耐穿，但是您是给孩子挑衣服，我还是建议您选纯棉的，因为涤纶吸湿性不太好，穿着闷热，容易产生静电，还容易沾灰尘，孩子喜欢动，穿着会不舒服，纯棉的舒适透气，还能保护孩子的皮肤。您可以摸摸……"

※ 不管顾客的说法是否正确，都先表示理解，然后再讲明服装的区别，理智地站在顾客的购买需求角度做出评价并提出建议，让顾客信服并且乐意接受你的建议。

话术模板 3 "小姐，上午有一位顾客和您一样，从对面服装店走到我们店，然后又回到对面服装店，最后还是回来买了我们的这款衣服。我也觉得奇怪，我们两家的这件衣服款式差不多，对面的价格比我们的还低一些，她为什么还是选择了我们的衣服呢？我就问她，结果她跟我说，她发现对面服装店的衣服的边角有很多线头都没剪掉，而我们的服装就没这种情况，就连扣子都是加固过的。她

— 113 —

说，就几十块钱的差别，还是选一件质量好的比较放心。小姐，我们的衣服虽然比对面的贵几十块钱，但是质量绝对没问题。您可以试试这款。"

※ 通过其他顾客的购买经历来说明两家的服装的差别，既避免了攻击对手，又很容易赢得顾客的共鸣与信任。

错误提醒

错误提醒1 "是吗？不一样吧！"

※ 这样会显得服装销售人员很不专业，连对面服装店的情况都不了解，更别说了解整个市场的情形了。

错误提醒2 "我们的服装的质量更好。"

※ 没有证据支持的推荐在顾客看来更像是狡辩。

技 巧运用

提炼服装的独特卖点

在服装行业，同一款服装，顾客很容易就能找到相似甚至相同的替代品，因此顾客在砍价时就占有很大的优势。要把本店的服装与竞品区别开来，就必须强调服装的个性化或服务的个性化，让顾客感受到本店的服装是唯一的，这种唯一性就是服装的独特卖点。服装销售人员可以从以下方面提炼服装的独特卖点，如图5-6所示。

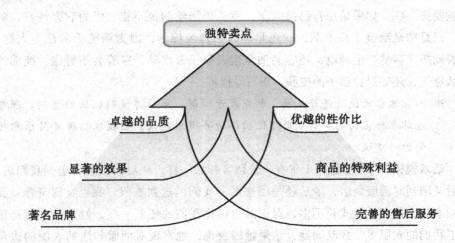

图5-6 服装的独特卖点

情景054　这一条街就你们店的服装贵

情 景描述

顾客留意每款服装的价格，仔细地看了一圈后，问服装销售人员："这一条街十多家服装店，我都逛了一遍，怎么就你们店的服装贵？"

行 为分析

很多顾客在选购服装时都会在多家服装店之间左右权衡，其中，价格是很重要的一个考量指标。当你的服装价格比同一商圈内的其他竞争对手的服装价格高时，顾客当然想知道原因。这是一个宣传品牌和服装的好机会，如果能够将品牌与服装的卓越之处传达给顾客，使他们认同你的观点，即使顾客最终没有购买你的服装，至少在他们看来，你们的服装店已经由一家"贵"的店转变成了一家"与众不同"的店。

话 术模板

话术模板1　"先生，您眼光真好，一眼就看出差别了。这一条街主要卖的是中低档服装，我们店卖的是品牌服装，价格相对要贵一点。您看，我们公司这几年一直被评为'消费者满意品牌'。在我们店，您可以随便选，随便试。您今天想看看外套还是裤子？"

※ 先夸赞顾客，缓和顾客的情绪，然后从服装定位上解释顾客的疑问，并拿
　 出切实的证据消除顾客的疑虑，进而转入对顾客购买需求的挖掘。

话术模板2　"小姐，很多顾客都这样问过我。我们店的服装虽然价格上要贵一些，但顾客只要试了我们店的衣服就都很喜欢。您看，我们店里的服装的款式不是最经典的，就是最流行的，做工也非常精致。一看您就是一个非常时尚、有个性的人，我们店有几款非常新潮的衣服，什么款式流行，您肯定比我清楚，您给我们这几款衣服打打分吧。"

※ 结合顾客的特征与喜好，从服装的流行性、款式、风格等入手强调服装的特
　 色，以请教顾客的方式，既夸赞了顾客，又能让顾客乐意试穿服装。

话术模板3 "小姐，刚刚那位顾客也这么说。她还说'你们的服装的价格是最贵的，可也是最干净、最整齐的，一点儿灰尘都没有，看着心里就舒服'。最后她选了一件很不错的毛衣。小姐，您今天想看看毛衣还是外套？"

※ 讲故事法。借其他顾客的经历说明本服装店在服务上的优势，既显得公正客观，又容易赢得顾客的信任。注意故事要点到为止，不要在价格问题上与顾客纠缠，巧妙地将话题转移到顾客的购买需求或试穿服装上来。

😞 错误提醒

错误提醒1 "我们是品牌店。"

※ 给人一种很自大的感觉。

错误提醒2 "我们的店铺位置好，租金要贵一点。"

※ 这等于是告诉顾客，价格高的原因是因为把租金分摊到了顾客头上。

错误提醒3 "其实也没贵多少。"

※ 没有向顾客解释清楚本店服装为什么贵。

技 巧运用

给顾客权威的、客观的、可见的、可信的推销证据

在运用 FABE 法的时候，最能够打动和说服顾客的部分就是 E（Evidence）——证据。权威的、客观的、可见的、可信的证据能够打消顾客的疑虑，有力地推进销售。服装销售人员可以应用哪些信息来作为证据呢？如图 5-7 所示。

> **让事实说话**
> 服装或品牌获得的荣誉、服装的销售记录、库存量、检测报告、图片、产品说明书等

> **让权威说话**
> 时尚杂志、名人推荐、相关专家推荐、媒体报道、销售人员本人的资历与从业经验等

> **让顾客说话**
> 老顾客口碑、老顾客购买与使用的经历、老顾客现身"说法"、顾客自己的体验等

图5-7 服装销售人员的推销证据

情景 055 我这人实在，再便宜 50 元我就买

情 景描述

顾客看中了一款服装，穿上后也很合适，但是总觉得价格有点高，不停地向服装销售人员说："我这人实在，你们再便宜 50 元我就买。"

行 为分析

顾客究竟是出于什么目的提出价格上的异议呢？有的顾客砍价完全是出于习惯，逢买必"砍"；有的顾客是想试探服装销售人员的底价，即通常说的"摸底"；还有的顾客就是单纯要砍价，想以最低的价格买到服装。

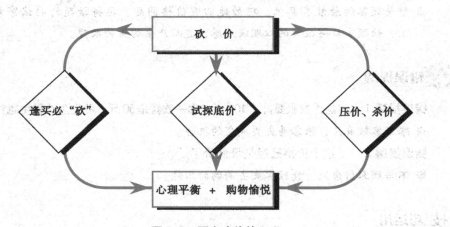

图 5-8 顾客砍价的心理

大部分顾客并不在乎你给他们降了多少钱，而是在寻找一种心理平衡，或者说是购物的愉悦感。既然顾客追求的是这样一种心理，那么服装销售人员可以以降价之外的其他方式满足顾客的这种愉悦感。

话 术模板

话术模板 1 "50 元？大哥，要是便宜 50 元，我们可就真的是赔本赚吆喝

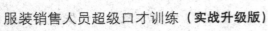

了。我一看您就是一个实在人，我也不跟您说假话，我们是连锁专卖店，每件衣服的价格都是全国统一的，这真的是最低价了。"

（如果顾客沉默）"大哥，这件衣服穿在您身上真的很帅气，显得您年轻俊朗，气度不凡，我给您开单子吧？"

（如果顾客仍坚持要求降价）"大哥，服装的价格是全国统一的，我真的没骗您。买衣服也是讲究缘分的，您穿这款服装这么合适，这样吧，我送您一条领带吧，这条领带在市场上都卖60多元，搭配这款衣服非常好，您戴上看看效果……"

※ 服装销售人员要让顾客觉得这确实是最低价，如果顾客还坚持砍价，服装
　销售人员可以用赠品来给顾客一种获得实际利益的心理满足感。

话术模板2 "大姐，我看您这身打扮，就知道您是一个很有品位的人。所以，您肯定不在乎这几十元钱，而是想知道我们的价格实不实诚，对不？其实买衣服，质量好不好，穿着效果怎么样才是最重要的，您看您穿上这件衣服，一是很合身，二是特别有成熟女人的魅力。"

※ 赞美顾客的着装有品位，巧妙地回避价格问题，再将话题转向试穿效果
　上，让顾客获得极大的心理满足感，进而产生购买的欲望。

😞 错误提醒

错误提醒1 "这件衣服要价才100元，你一砍就是50元，我还怎么做生意？"
※ 跟顾客较真儿，很容易失去成交的机会。
错误提醒2 "这个价格已经是最低价了。"
※ 不给顾客留余地，使顾客失去购物的乐趣。

技 巧运用

技巧运用1　面对砍价，巧妙应对
顾客砍价时总是希望能够打探到服装销售人员的价格底线，砍价越狠顾客就越有成就感。要让顾客停止砍价，就需要服装销售人员巧妙地应对。当服装销售人员表现出很惊讶、很不情愿、很无奈的表情，并且这种情绪越真实、越强烈时，顾客就越有成就感，进而下决心购买。
技巧运用2　不要把责任推给公司或领导
服装销售人员在处理顾客的疑虑、异议、售后怨诉时，不要拿公司或领导做

挡箭牌。例如，跟顾客说"这是公司的规定，我做不了主""我们店长不同意""我很想给您降价，但是公司有规定"等。如果服装销售人员对公司的规定或政策有看法，应及时向上级反映并提出建议。一旦这些规定付诸实施，就不应该在顾客面前将责任推给公司或领导，以此推卸责任，获取顾客的认同与同情。要时刻牢记：自己是公司的一分子，公司的形象就是自己的形象。

情景056   顾客喜欢服装，但却一直砍价

情 景描述

顾客刚走进服装店就被一款服装吸引住，试穿后感觉衣服很合适，把自己的身材衬得很苗条，非常喜欢，但就是对价格不太满意，一次又一次地要求服装销售人员降价。

行 为分析

当顾客越是喜欢一款服装的时候，砍价的筹码就越少。只有当这款服装对顾客来说可有可无、可买可不买的时候，杀价的威力才是最厉害的。对于喜欢服装却不满意价格的顾客，服装销售人员可以再次强调服装的价值和能给顾客带来的好处，夸赞顾客的试穿效果，如果顾客一再要求降价，或者决定放弃购买，服装销售人员要顾及顾客的感受，适当做出让步。总之，让步必须以再三坚持为前提。

话 术模板

话术模板1 "先生，咱们聊这么久了，可以算得上是朋友了，如果能降价，我肯定会让步的，这确实是最低价格了。我们这款涤棉的风衣不仅柔软舒适，而且挺括有型，最能体现男士的风度与品位了。您看您穿着多精神、多帅气。这款服装因为价格实惠，质量又好，我们每天都会卖出去几件，现在店里就剩3件了，您看是就要身上这件呢，还是我给您再取一件全新的？"

※ 以套近乎的方式拉近与顾客的感情，将话题引向介绍服装的优势以及试穿的效果上，并以服装库存不多来刺激顾客做出购买决定。

话术模板2 "小姐，说实话，这款衣服一直很受欢迎，我见过很多顾客试

穿，但是其他人都穿不出您这样的效果，不仅完美地展现了您的身材，还特别衬您的肤色。买衣服最重要的是适合自己，穿着好看，就算多花几十元钱也值，您说对不对？"

※ 抓住顾客喜欢衣服这一点，顺势称赞顾客，让顾客在满足与快乐中忘掉价格的烦恼。

话术模板 3 （顾客遭到再三回绝后仍然坚持要降价）"小姐，看得出来您是打心眼里喜欢这件衣服，您穿着这么合身，这么漂亮，让我这个卖衣服的心里也高兴。这个价格确实是成本价了，这样吧，我觉得这件衣服配一条丝巾会更好看，我送您一条丝巾吧，是我们特地从苏州进的货，单卖还要 50 多元呢。您戴上试试，肯定会更好看。"

※ 先称赞顾客的穿着效果，让顾客放松警惕，然后向顾客说明价格的合理性，避免顾客讨价还价。在顾客略显失望时，可向顾客赠送小礼品，促使顾客下决心购买。

错误提醒

错误提醒 1 "您这么喜欢就买了呗，反正也不贵。"
※ 意指顾客小气，价钱这么低还砍价。
错误提醒 2 "这已经是最低价了。"
※ 顾客会觉得服装销售人员很不讲情面。
错误提醒 3 "价格不能再低了，赠品还可以商量。"
※ 过早地亮出了自己的底牌。

技 巧运用

赠品也要巧渲染

应对顾客的砍价是服装销售人员每天的必修课。如果坚决拒绝顾客的砍价，会伤害顾客，影响成交；如果让价，又会缩减利润空间。因此，店内最好常备一些实用、成本较低、又能够与店内服装巧妙搭配的赠品。

要让顾客领你的情，乐意接受赠品，你就必须像介绍服装一样结合顾客的实际情况和需求，充分渲染赠品的价值以及能给顾客带来的好处。顾客只有在觉得赠品物有所值，甚至是超值的时候，才会满意地接受。

例如，顾客看中一款毛衣，几次要求降价 50 元均被委婉拒绝，顾客感到很失望。最后，服装销售人员决定赠送一条丝巾给顾客。

A 服装销售人员说："毛衣的价格真的不能再降了。我们送您一条苏州的丝巾吧，这条丝巾材料好，设计也好，价格也差不多是 50 元。"

B 服装销售人员说："这件毛衣的价格确实是最低价了。跟您聊这么久，咱们也熟了。这样吧，我们赠送您一条丝巾，昨天刚从苏州调过来的。您看，零售价的标签在这儿呢，58 元，一共才 10 条，用的都是最好的材料，这条丝巾配您这件毛衣最合适了。您试一下，看看效果。"

同样的赠品，不同的渲染方法，顾客会更乐意选择购买 A 的还是 B 的毛衣呢？

情景 057　一条牛仔裤 400 多元，太夸张了吧

情景描述

顾客绕着店里的道具模特走了一圈，对模特身上的牛仔裤很感兴趣，于是向服装销售人员询问价格，听到报价后，顾客说："一条牛仔裤就要 400 多元，也太夸张了吧！"

行为分析

通常，顾客会根据自己的购物和生活经验，对不同类型的服装、不同材质的面料，形成一个自己的心理价位，服装售价只要不偏离这个价位太多，顾客都会接受，但是如果售价远远高于这个价位，顾客就会难以接受。服装销售人员不能因为顾客不接受售价就单纯地断定顾客买不起高档服装。随着人们收入的增加和消费观念的转变，现在很多顾客更倾向于选择名牌和高档商品。只要清楚了解服装的价值和利益，顾客就很可能会实施购买行为。

话术模板

话术模板 1　"呵呵，小姐，也难怪您会吃惊。普通的牛仔裤确实百余元就能买到。但这是我们店最经典的一款牛仔裤。您看，它用的是进口的优质丹宁布，通过揉、撮、褪、磨多道工序，达到了完美的水洗效果，尤其是裤身的金色闪光丝线，很有光泽和层次感。像您的身材这样高挑，穿这款会很好看，也很时尚。

仅仅通过看是看不出效果的，只有穿上才知道合不合适，您试试吧?"

※ 认同顾客的心理，强调服装的特色与价值，邀请顾客亲自体验。

话术模板2 "先生，您眼光真不错，一眼就看上了我们的'镇店之宝'。我们公司十几年来主打的产品就是牛仔裤，而这一款一直很畅销。因此，我们特地上了一批限量纪念版，很多顾客特地赶来买这一款呢。您肯定会想，这款牛仔裤好在哪里，为什么卖那么好，还卖那么贵。呵呵，这个我先不说，您自己试一下就知道它好在哪里了。来，您这边请……"

※ 夸赞顾客，强调该款服装在店里的特殊地位，并说明其他顾客的反应与态度，充分激发顾客的兴趣。

话术模板3 "先生，您看，酒店也有星级之分，牛仔裤也是这样的。看您穿的这款外套就知道您是一个时尚人士，您肯定看出来了这件牛仔裤所用的布料是今年最流行的，它的这款式也是最新潮的。"

※ 用类比法将服装与同类的普通产品区别开来，然后抓住顾客追赶时尚的心理，激发他们对服装的购买欲望。

话术模板4 "小姐，您说这件衣服贵也是有道理的，大家挣钱都不容易，400元钱也不是小数。但是，如果一条牛仔裤能穿三四年，您还会觉得它贵吗？我们的牛仔裤最大的特点就是款式时尚，而且耐穿，越穿越合身，穿三四年完全不成问题。您看裤子上还绣着我们的品牌标志，一看就很有档次。您的身材这么好，穿上这条裤子效果应该会更好。来，您这边请……"

※ 将总价格分解开来，既淡化了价格的影响力，又间接说明了服装质量好，同时称赞顾客身材好，让顾客欣然接受试穿。

☹ 错误提醒

错误提醒1 "这可是国际名牌。"

※ 是否是国际名牌对顾客而言并不重要，顾客需要了解的是与自己密切相关的信息。

错误提醒2 "其实××品牌牛仔裤更贵。"

※ 热情地为其他品牌的服装做了宣传。

错误提醒3 "现在有钱人就喜欢买贵的。"

※ 意指顾客没钱，应该去买便宜的服装。

技 巧运用

技巧运用1　价格分解法

在服装价格比较高，而质量又非常好的情况下，服装销售人员可以将总价格平摊到每一年、每一天，为顾客算经济账，把顾客的注意力由"大价格"转移到"小价格"，从而淡化价格的影响，凸显质量上的优势。

技巧运用2　激将法

"顾客就是上帝"，顾客在购物时心理上有一种优越感，他们习惯了服装销售人员对他们的尊重、夸赞与顺从，如果服装销售人员能够抓住顾客的兴趣点，适当地刺激一下顾客，有时会收到比苦口婆心、耐心劝说更好、更快的效果。举例如下。

"先生，您不想穿上这套高档的西装，让您公司的老板和同事对您刮目相看吗？"

"大姐，这件衣服一般人确实买不起，但我看您这身精致高雅的穿着，就知道这个价格对您来说不是问题，您说是吧？"

"阿姨，谁说这种亮丽的颜色的服装您就不能穿呢，谁也不能阻止您再年轻一把，对不对？"

"小姐，你完全可以换下学生装，试试这种成熟一点的款式的服装，让其他人知道你确实长大了、独立了，不再是小女生了，你说是不是呢？"

……

情景058　这件衣服的面料很普通，但价格怎么这么贵

情 景描述

顾客拿起一件上衣，仔细地看了一下面料和品质，满脸疑惑地问服装销售人员："你们的服装的面料很普通，做成的衣服怎么卖那么贵啊？"

行 为分析

很多顾客在选择服装时，经常会从看到的事实出发，单纯地以服装面料的好

坏来判断服装的价值，而忽略了服装背后的品牌价值、独特的设计、精良的制作等隐性因素，这是很正常、很普遍的一种消费心理。顾客对服装并不是非常了解，往往在见到真正的、有说服力的佐证资料或事实后，就会放下原有的顾虑与质疑。

 话术模板

话术模板1 "先生，看来您是一个行家。您说得没错，这料子是普通的涤纶。您看，同样的食材，既可以做出满汉全席，也可以做出家常小炒。衣服也一样，同样的面料，不同的设计，不同的制作，最后做出来的衣服也是有差别的。您看我们的这套运动装，手感好，不起皱、不贴身，透气性好。我说这些您可能信不过，不如您自己来试试吧，好衣服穿上才知道，您这边请。"

※ 先称赞顾客是一个懂行的人，然后以生动的类比赢得顾客的认同，再重点介绍服装的特色，进而吸引顾客试穿。

话术模板2 "大姐，很多顾客都问过我这个问题。如果是普通的化纤面料当然不会这么贵，这款衣服用的是优质涤棉，既有棉的柔软舒适，又挺括有型，打理起来非常方便。我们不光重视服装的面料，连填充棉也很讲究，这里面填的是优质软绵，蓬松度高，回弹性好，透气性好，就算用洗衣机洗也不会变形。我说一千道一万，都不如您自己试穿一下，您试一下，肯定能发现这款衣服的与众不同之处。"

※ 当顾客对服装的认识不全面或不正确时，服装销售人员应委婉地说明服装的特点和优势，让顾客对服装有一个全新的认识，并积极邀请顾客试穿。

😞 错误提醒

错误提醒1 "这件衣服的面料哪里普通啊？这种面料是进口的。"

※ 直接指出顾客的错误，会很让顾客感到难堪。

错误提醒2 "这是我们请国际知名设计师设计的。"

※ 服装是谁设计的对顾客并没有多大意义，顾客需要的是对价格异议的解决。

错误提醒3 "这件衣服的面料是普通，但是它的质量好。"

※ 话是有道理，但是不够有说服力。

技 巧运用

用独具特色的语言来吸引和打动顾客

同样的意思，当服装销售人员尝试用其他话语来表述时，往往具有意想不到的效果，如图 5-9 所示。

"化腐朽为神奇"的语言

寒暄　嘘寒问暖，找顾客感兴趣的话题，如天气、时事、热点问题、顾客的穿着、顾客的口音、顾客的籍贯、顾客的职业、顾客的喜好等，为销售过程增添活跃气氛。例如，"您戴的这条围巾真好看，是您自己织的吗？""最近这几天真冷，您穿得这么单薄，要看看外套吗？"

赞美恭维　服装销售人员的赞美最能让顾客笑逐颜开，恰当、巧妙地赞美，可以使顾客欣然地买下服装。例如，"这件衣服一直卖得很火，许多顾客都试过，但都穿不出您这样的效果。""您真有眼光，我以前从来不知道我们的这款衬衣搭配银色领带会这么帅气！"

幽默生动　机智、诙谐、幽默、生动的语言能有效缓和顾客的情绪，让顾客在欣然一笑中轻松做出购买决定。例如，顾客问店里的衣服是否打折，销售人员可以笑着说："呵呵，给别人不打折，也会给您打折的。"顾客问同一条街为什么就你们店的服装贵，销售人员可以打个生动的比方："酒店有星级之分，服装店也有高中低档之分，您说是不是？"

委婉　巧妙地将消极的、负面的信息通过积极、正面的方式表达出来。例如，顾客对高价服装缺乏购买力，销售人员应转而推荐较低价位的服装，可以说："先生，其实衣服并不是越贵越好，而是适合自己最好，您看我们这件衣服款式也很新潮，价位上要低一些，很多顾客都更喜欢这一款呢，您看看……"

图 5-9　"化腐朽为神奇"的语言

情景 059　在家穿的衣服，没必要买这么贵的

情 景描述

顾客伸手摸了摸一款高档睡衣，面料轻柔光滑，但看了一眼价格说："这件睡衣的价格都赶得上一件高档外套了。每天在家穿的衣服，没必要买这么贵的。"

行 为分析

人们的消费行为越来越趋于理性化，在选购服装时，除了考虑个人喜好，还会综合考虑服装的价值、实际功效等。顾客看中一款服装，却不愿意购买，这说明服装的价值还没有被顾客充分认识到，顾客的购买需求还没有被激发出来。

话 术模板

话术模板 1　"大姐，您的意思我理解，很多顾客也都这样跟我说。其实，我觉得在家穿的睡衣比外套更重要。我们这款全棉针织睡衣轻薄柔软，能很好地呵护肌肤。想象一下，穿着这款舒适的睡衣，随意地靠在家里的沙发上，听着轻音乐，一天的疲劳全都消失了。您说是不是？"

※ 快乐法：将服装与顾客的实际生活结合起来，描绘美好的场景和穿着感受，让顾客感到快乐、满足，从而打动顾客。

话术模板 2　"小姐，您的想法我理解。很多顾客都跟我说'睡衣嘛，买一件便宜的凑合穿就行'，其实睡衣跟我们的生活质量息息相关。便宜的化纤睡衣刺激皮肤，我们每天都要穿将近 10 个小时的睡衣，舒服健康比什么都重要。来，您再摸摸这件睡衣的面料……"

※ 痛苦法：向顾客说明低价劣质服装的危害，让顾客对低价服装从心理上产生排斥，从而更乐于接受高价优质的服装。

话术模板 3　"大姐，如果单看价格，它确实比市场上普通的睡衣贵。对女人来说，睡衣也是生活中的一种情趣和品位。一般人确实买不起这件睡衣，可是看您的穿着打扮就知道您是一个很注重生活品质的人。这件轻柔光滑的睡衣最能衬托出您的魅力了。"

※ 激将法：抓住顾客的心理和需求，选择顾客最看重、最在乎的一点下手，
激发顾客潜在的购买需求。

😞 错误提醒

错误提醒1 "睡衣也是衣服，买一件好的能穿好几年呢。"
※ 没有抓住顾客话语的核心意思和异议点。
错误提醒2 "我们也有低价位的睡衣，在那边。"
※ 将顾客定位在买低价位服装的档次，会让顾客心里不满。

技 巧运用

快乐法与痛苦法

人们之所以改变自己，动力主要来自两方面：一是追求快乐，二是逃离痛苦。
顾客的消费行为也是如此，服装销售人员要说服顾客购买服装，最有效的两个方
法如图 5-10 所示。

快乐法——让顾客感到快乐
为顾客描述穿着服装后的效果，以及购买后能带来的快乐和满足
例如，在推荐一款裙子时，服装销售人员可以这样说："您穿着这条裙子，高贵优雅地出现在公司，男士们会心动，女士们会万分羡慕……"

痛苦法——让顾客感到痛苦
为顾客描述放弃这款服装可能会出现的损失和遗憾，或者描述劣质服装的问题与危害，让顾客欣然接受你的服装
例如，在推荐一款内衣时，服装销售人员可以讲这款内衣对顾客身体健康所起的作用与意义，同时可以强调劣质内衣对身体的危害，让顾客在权衡之下选择你的服装。

图 5-10 快乐法与痛苦法

情景060 我做过服装，这件衣服就值200元

情 景描述

顾客是一个服装行家，取下一件外套问了很多非常专业的问题，当听到服装销售人员报出的价格时，顾客说："以前我做过十多年的服装生意，这件衣服最多值200元！"

行 为分析

"外行看热闹，内行看门道"，懂行的顾客可能会针对服装提出一些细小、专业的问题，如果服装销售人员准备不充足，很可能会不知道如何回答。当内行顾客提出价格异议时，服装销售人员不妨坦率地承认顾客的一些专业的、属实的观点，并积极向顾客求教，让顾客多说话，从中发现问题和机会，然后再阐述顾客不熟悉的服装的优点或服务特色。

话 术模板

话术模板1 "到底是行家，您一眼就能看出门道来。您是内行人，肯定知道买皮衣容易养皮衣难的道理。护理真皮衣服是一件麻烦事，皮衣如果保养不当穿几次就不行了，您说是不是？（稍微停顿，观察顾客的反应）为了让顾客买得放心，穿得省心，我们专门成立了皮衣护理中心，只要顾客是在我们店里买的皮衣，我们都免费做护理。这样一来，顾客就省了很多事，所以这个价格是真的值。呵呵，您是行家，我就不多说了，您先试试吧。"

※ 对于顾客熟知的服装知识，服装销售人员可以避开不谈，转而讲自己的优质服务。服务的价值是很难估算的，顾客一方面会被服装销售人员的诚实打动，另一方面也会被周到的服务吸引。

话术模板2 "哦，这么说来您是老前辈啊，怪不得您问的问题都这么专业。我才入行两年，得叫您一声大哥了。我很想听您详细说说您是怎么判断这件衣服值200元的呢？"

※ 太极法即将顾客提出的问题抛回给顾客，听顾客分析，从顾客对服装的评

价中，服装销售人员可以发现顾客的关注点，找出顾客对本店服装不熟悉的之处。等顾客讲完后，服装销售人员可以向顾客介绍自己的服装，这样顾客才会对你的服装有全新的认识。

话术模板3　"呵呵，先生，行家就是行家，什么都瞒不过您。您这么说是有道理的。如果光看面料，这款衣服确实不值300多元。您也知道，服装这一行讲究的是批量生产，可是我们这一款不是这样的。您看，这个系列一共有九款，每款看起来都差不多，但其实都各有特色，这一款是迷彩斑纹，那一款是印花图案，这样每一件衣服都很有特色，顾客穿出去也不会与其他人撞衫。您相中的这款是斜条纹的，特别适合成熟的男士，您试试吧。"

※ 先夸赞顾客，让顾客感到受到了尊重，再向顾客展示服装的独特之处，以此来提升服装的价值，从而吸引顾客的兴趣。

😞 错误提醒

错误提醒1　"哦，是吗？我再问问我们店长。"

※ 完全被内行顾客吓住了，自动放弃了谈价的主动权。

错误提醒2　"这件衣服是值200元，可我们还要租店面、雇店员，还有其他成本啊。"

※ 承认了顾客的出价，很难再将成交价提到200元以上。

错误提醒3　"这件衣服哪里只值200元啊。"

※ 直接与顾客硬碰硬，容易引起争执。

技 巧运用

技巧运用1　积极求教，少说多听

与普通顾客相比，内行的顾客对服装或行业比较熟悉，因此更喜欢表达自己的见解。接待这类顾客时，服装销售人员的做法应该是：积极求教，少说多听。内行顾客喜欢表达自己的见解，但言多必失，顾客的话语中总会暴露出其知识的盲点或对该服装不了解的地方。即使顾客做到了万无一失也没关系，因为顾客在尽情地展示过自己在服装方面的专业知识之后，会获得极大的心理满足，也会对谦虚求教的服装销售人员产生信赖和好感，信任是交易的前提，这时候再向顾客推荐服装就很容易了。

技巧运用2　太极法

当顾客提出的问题模棱两可、意思不明确或问题比较棘手，服装销售人员一时想不到合适的对策时，可以采用太极法，将问题巧妙地抛回给顾客，然后仔细倾听顾客的意见与想法，分析顾客的兴趣与需求，从顾客的话语中寻找解决方案，如图5-11所示。

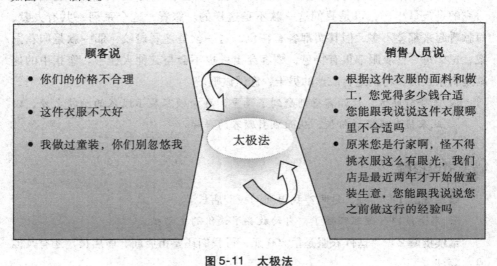

顾客说

- 你们的价格不合理
- 这件衣服不太好
- 我做过童装，你们别忽悠我

太极法

销售人员说

- 根据这件衣服的面料和做工，您觉得多少钱合适
- 您能跟我说说这件衣服哪里不合适吗
- 原来您是行家啊，怪不得挑衣服这么有眼光，我们店是最近两年才开始做童装生意，您能跟我说说您之前做这行的经验吗

图5-11　太极法

情景061　我是老顾客，你们不能优惠点吗

情 景描述

顾客拿起一款服装问服装销售人员："我经常买你们店的衣服，都是老顾客了，这次你们不能优惠点吗？"

行 为分析

老顾客是服装店的宝贵资源。顾客一旦认同了服装店的服装风格，就很可能多次惠顾，多次购买。人们都希望被尊重、被重视，老顾客因为对服装店的销售额贡献较大，所以更希望能得到特别的优待。

话术模板

话术模板 1　"呵呵，张姐，瞧您说的，老顾客我们能不照顾嘛。刚才您试衣服的时候，我们店长就叮嘱我，说您是老顾客，也是我们的老朋友了，只要您喜欢，就按进价卖给您。这一款衣服别的顾客买是 258 元，您要买的话，我报的就是成本价，200 元，您看我给您包装起来好吗？"

　※ 用亲切热情的话语，搬出上级的"特别指示"，让顾客充分感受到老顾客的优越感，再给出与新顾客不一样的价格，强调成本价，让顾客欣然接受，最后要抓住时机，试探成交。

话术模板 2　"小姐，您是老顾客，我跟您说实话，这个价格确实是成本价。您看同样的面料和做工，其他服装店都卖 200 多元，我们只卖 150 元，真的是不挣钱。但是老顾客我们也不能不照顾，这样吧，我看您穿这款外套很漂亮，要是加上一条腰带就更好看了，我送您一条腰带吧，这条腰带单卖还要 30 多元呢。您看看搭配效果……"

　※ 通过价格的横向对比来证明服装已经是最低价了，有理有据，顾客比较容易接受；然后适时送出赠品，让顾客接受这个价格。

错误提醒

错误提醒 1　"老顾客都知道我们店的新品从来不打折。"
※ 意指顾客不是老顾客。
错误提醒 2　"我们会送您 500 积分的。"
※ 积分对顾客没有吸引力。
错误提醒 3　"很抱歉，我们新老顾客都是一个价。"
※ 这会伤老顾客的面子，让顾客很失望。

技巧运用

让老顾客感受到优越感

对待老顾客，服装销售人员要像待老朋友一样亲切热情，让顾客感受到他们是服装店里最尊贵的客人，给顾客一种心理优越感。如果老顾客不满足于这种心理优越感，一再要求在价格上获取实质性利益时，服装销售人员可以妥善处理，给予适当的优惠与优待。当然，不能排除会有新顾客冒充老顾客以求获得价格上的优惠这种情况，服装销售人员不妨把这样的顾客当老顾客一样对待，因为如果他们在这种优质服务下购买了服装，以后就自然成了老顾客。

情景062　我就剩150元了，便宜点卖给我吧

情 景描述

顾客看中了一款售价190元的衣服，但要求便宜40元，被服装销售人员委婉地拒绝了。顾客从包里掏出钱包翻开说道："不是我出不起这40元，你看，我的钱包里就剩下150元了，又没带银行卡，你就便宜40元卖给我吧。"

行 为分析

顾客的这一招不管是有意为之，还是出于实际情况，都非常有效。因为顾客非常高明地抓住了服装销售人员的软肋——想把服装卖给顾客。顾客直接设置了价格的范围，"反正我就这么多钱，比售价差那么一点，你们能让步我就买，不能让步那就算了。"这时候需要服装销售人员综合考虑一下成本，如果不能接受顾客的出价，就委婉拒绝；如果可以接受出价，也需要让顾客看到你为此付出的努力，从而感到降价来之不易，进而对你留下深刻的印象。

话 术模板

话术模板1　（不能接受顾客的出价）"先生，既然您这么坦率，我也跟您说说实际情况。您看，这是我们这款服装的入库单，我们的进货价是170元，真的不是我们不通情理，这件衣服卖150元的话我们确实不挣钱。我觉得您是一个实在人，这件衣服您穿着又非常合适，这样吧，您给我留个地址，下班后我把衣服给您送去，到时候您再付款，您看行吗？"

※ 可以利用事先预备的销售工具来亮底牌，把底价告诉顾客，再提议顾客留下地址，把衣服送上门，充分表明你的诚意，即使顾客不同意送货方案，也会对你的印象更深刻，为顾客的下次购买埋下伏笔。

话术模板2　（可以接受顾客的出价）"先生，您都这么坦诚了，我也真心想帮您，您稍等一下，我给老板打个电话，好吗？"（获得顾客同意。服装销售人员

在打电话时需要表现出降价非常困难这个现实，以及你全力为顾客争取的态度）

"先生，您也听到了，我们老板也很为难，但他听到您连钱包都掏出来给我们看了，很感动，他说就算亏了这笔生意也要交您这样直率的朋友，150 元卖给您了。我们可从来没有卖过这个价格，您可别跟您的朋友们说。我给您包装起来吧？"

※ 一要让顾客觉得你是在亏本做买卖，二要让顾客领你的情，这样不仅让顾客购物满意，还能赢得顾客的信任。

😞 错误提醒

错误提醒 1　"价格不能少，打折的时候您再来吧。"

※ 生硬地拒绝顾客，顾客就算再喜欢这款服装也不会再来了。

错误提醒 2　"行了，行了，150 元卖给您吧。"

※ 轻易让步，顾客会觉得这个价格还有水分，对你的让步也不会领情。

错误提醒 3　"150 元卖给您也行，但是价格这么低，买了就不能退换了。"

※ 既然都给顾客一个情面了，何不把人情送到底呢？

技 巧运用

技巧运用 1　亮底牌法

库存量、进货价格、销售额、销售量等数据一般而言都是服装店的商业秘密，是不能向外人公开的，但是服装销售人员可以预先准备一份专门向顾客展示的数据。当顾客犹豫不决，或者一再杀价的时候，服装销售人员可以亮出这张底牌，告诉顾客最低价格。这样顾客会认为自己完全砍到了"底价"，从而做出购买决定。

技巧运用 2　绝对不轻易让价，让价也要让得有价值

很多顾客在买东西时都习惯先砍价，如果服装销售人员轻易让步，服装店就没有利润可言。因此遇到顾客砍价，服装销售人员的第一原则就是坚持，绝对不轻易让价，这样顾客会觉得你的报价是真实的，从而以这个价位购买。即使少数顾客砍不下价转身要走，服装销售人员也可以以请示领导为借口将顾客留下来。如果必须让价才能成交，服装销售人员也要唱好红白脸，让顾客认可你所做的努力，也更加满意、更加珍惜让步的方案。有了这次满意的购物体验，顾客就很容易成为服装店的老顾客，这样，你的让价才有意义。

第2节　折扣异议这样排

情景063　我都来好几趟了，你们打点折吧

情 景描述

顾客之前来店里看过一套衣服，问完价格后没买。今天顾客又过来了，指着这套衣服对服装销售人员说："我上周来过一次，昨天也来了，我都跑了好几趟了，是真心想买这套衣服，你们再打点折吧。"

行 为分析

顾客越是喜欢一款服装，在砍价时对服装销售人员的"杀伤力"就越小。顾客能够为了一件衣服来回跑几趟，可见他们是真心喜欢这款服装。一方面，顾客来了几趟，衣服都没降价，说明这件衣服价格比较实在，因此顾客会比较安心；另一方面，衣服的价格可能确实让顾客难以接受，这就需要服装销售人员再次强调服装的价值和能给顾客带来的好处，或者在必要时送出赠品或做出小的价格让步。需要注意的是，多次回头的顾客难免会有些不好意思，服装销售人员要以始终如一的热情来消除顾客心理上的这种顾虑。

话 术模板

话术模板1　"是啊，大姐，让您这么一趟趟地跑我们真是不好意思。您也看到了，我们的这款服装这么长时间了都没有打折，也没有降价。说实话，我们店的服装这段时间也做过促销，这件衣服如果能降价肯定早就打折卖给您了，这确实是成本价了，就是因为这件衣服价格实在，所以很多顾客只要穿着合适，就都放心地买了。您看，现在我们店里就剩2件了。大姐，这件衣服到底值不值这个价，您试穿一下就知道了。"

※ 抓住衣服价格实在这一点，让顾客觉得确实没有降价的空间了；然后制造

库存短缺的危机，给顾客一种紧迫感。

话术模板 2 "大姐，我记得您，您每次来我都想跟您聊聊，可每次您都急着走了。您每次过来看的都是这款服装，可是您还没试穿过呢，衣服一定要穿上才知道好不好。您先试试吧?"

※ 先通过亲切热情的寒暄让顾客放松情绪；然后转移话题，避谈价格，邀请
  顾客试穿，让顾客对衣服有更深入的了解。

话术模板 3 "是啊，大姐，昨天您试穿这件衣服真的是很合适，您走之后，另外一位顾客也试穿了，可就是不如您穿上好看。您是真心喜欢这件衣服，我也是真心想给这件衣服找个最适合的主人，可是这件衣服确实是成本价了。这样吧，虽然价格上我不能让您满意，但是您来了这么多次，我们也算是朋友了，我送您一条腰带吧，搭配这件衣服很合适，您看行吗?"

※ 适当地赞美顾客，让顾客获得极大的心理满足。这时再说明不能降价的理
  由，顾客就不会觉得难以接受了，然后通过赠品给顾客一点儿实际的心理
  安慰，顾客也会觉得达到了砍价的目的。

😞 错误提醒

错误提醒 1 "能打折我们早就打了。"

※ 意味着这件衣服就是这个价格，顾客要买就买，不买就算了。

错误提醒 2 "呵呵，您还是回来啦，我就说了这件衣服的价格是最低价嘛。"

※ 带有讥讽和调侃的语气，顾客心里本来就有顾虑，这样会让顾客更加
  反感。

错误提醒 3 "您真心买，我们真心卖，但价格真的是最低了。"

※ 不给顾客面子，完全不留回旋的余地。

技 巧运用

应对顾客砍价的过程其实就是价格谈判的过程。服装销售人员不能轻易在价格上做出让步，但是面对顾客再三砍价，坚持要得到实际的利益时，服装销售人员也不能过于死板、分文不让，导致顾客流失、生意泡汤。遇到砍价态度强硬的顾客时，可适当在价格上做出小的让步，或者赠送小礼品，让顾客获得心理上的平衡。服装销售人员应对顾客价格异议的策略如表 5-1 所示。

表5-1　服装销售人员应对顾客价格异议的策略

顾客出招	服装销售人员接招策略	示例
见面问价	避谈价格，转移话题	"我们的服装的价格一定会让您满意，买衣服最重要的还是穿着合身、好看，您先试试吧？" "您放心，价格绝对不是问题，请问您喜欢什么款式服装呢？"
模糊杀价	踢回皮球，探明底价 巧妙应对，迷惑顾客	（顾客说："这件衣服的价格太贵了，你们再便宜一点吧。"） "您觉得这件衣服多少钱合适呢？" "您希望是多少钱呢？" （顾客说出预期的价格后） "100元？这可比我们的成本价还低啊！" "您砍到100元，我们可真的是赔本赚吆喝了！"
坚持杀价	寸步不让，淡化价格 强调质量，夸赞效果	"我们这款服装的特点是……无论是质量还是款式设计上都要高出一筹，这个价真的很值。" "一件衣服200元，能穿两三年，每年不到100元，这个价格真的不贵。" "其实这几十元钱对您来说不算什么，买衣服最重要的是质量好、穿着效果好，您看这件衣服把您的好身材全显出来了。"
放弃购买	诚心邀请，见好就收 小恩小惠，适当让步	"您别急着走，我做不了主，您等一下，我去请示一下店长好吗？" "您等一下，我给我们经理打个电话问一下。" "咱们聊了这么久也算是朋友了，虽然价格上我们不能再降了，但我可以送您一条丝巾，配这件衣服特别合适。" "看得出来您是真心喜欢这款衣服，我们店长同意给您打九折，但您可千万别跟其他顾客说。"

情景 064　我买 3 件还不打折，那我不要了

情 景描述

　　店里的服装都标上了零售价，并且不打折。顾客一连选了 3 件衣服并询问买 3 件是否可以打折，服装销售人员摇了摇头，顾客一脸不高兴地说："一件不打折，我买 3 件还是不打折，你们也太不会做生意了，那我都不要了!"

行 为分析

　　顾客选了一件衣服没有折扣，他们心理是平衡的，因为所有顾客一律平等，都不打折，这是服装店的规定。顾客连选 3 件衣服还是不打折，心理自然就不平衡了，放弃购买也是情理之中的事。其实，价格谈判是服装销售人员和顾客之间相互探底的过程，当顾客遭到拒绝后想要离开，这就表示服装销售人员触到了顾客的底线，这时服装销售人员必须见好就收，巧妙地做出适当的让步。

话 术模板

　　话术模板 1　"小姐，您等一下，看得出您很喜欢这几款衣服，我也很想帮您，但是我做不了主。您在这先坐一下，我去向店长求个情，好吗?"

　　（征得顾客的同意后，可以将顾客托给同事招呼，然后再离开）

　　"小姐，我们店长说我们的衣服都是按最低价格销售的，再打折我们就赔本了。以前都没打过折，但是您一下子买了 3 件，这是看重我们店，我们不挣钱也要交您这个朋友。所以，给您破个例，3 件衣服一共是 348 元，我们就收您 300 元，您看行吗?"

　　※　如果降价必须请示店长，那就与店长商量；如果小幅的让步可以自己决定，也需让顾客感受到让价的来之不易。在回复顾客时，要先强调在"底价"上打折是从没有过的，然后再给顾客让价，这样顾客才会更加珍惜。

　　话术模板 2　服装销售人员："大姐，您等一下，这 3 件衣服都挺适合您的，您真心想买，我也真心想帮您，但价格我确实做不了主，我请我们值班组长过来，

您看行吗?"

（顾客同意，服装销售人员可以请值班组长过来帮忙）

值班组长："大姐，我是值班组长，真的很抱歉，我们店里的衣服标的确实都是成本价。"

服装销售人员："可是大姐真的很喜欢这几款衣服，而且一买就是3件，是诚心诚意要买。"

值班组长："嗯，那这样吧，我们送您一款精品手提袋吧。"

服装销售人员："大姐，这个手提袋很不错，轻巧大方，我们单卖要50多块，平时逛街提着很合适，您看看。"

※ 同事间相互配合，让顾客看到服装销售人员为了争取较低的成交价格所做的努力，最后提出赠品方案，顾客也容易接受。

话术模板3 "大姐，您别生气，不是我不通情理、不让价，您也看到了，刚刚在您前面的那位小姐买了2件我们也不打折，我们的服装实在是成本价了，您也知道现在服装行业竞争激烈。您一下子买3件，说明您看好我们店，这样吧，我给你打八折，就算不挣钱交您这样一个朋友也是值得。只是，您不要跟其他人说，不然我们的生意真的不好做，好吗?"

※ 首先消除顾客心里的不愉快，然后说明其他顾客都不打折这个事实，随后再给出折扣。服装销售人员最后的一句提醒更让顾客觉得自己占了很大的便宜，从而接受这个让价。

☹ 错误提醒

错误提醒1 "不要拉倒!"

※ 服务态度恶劣，会引起顾客的不满。

错误提醒2 "我们店里都贴了'不打折'了。"

※ 说辞苍白无力，会导致潜在顾客的流失。

错误提醒3 "我们对其他顾客也都没打折。"

※ 说服力不强，容易遭到顾客的反驳。

技 巧运用

技巧运用1 请示领导，虚晃一枪

如果顾客的出价频频遭到服装销售人员的回绝，顾客很可能就此放弃购买，如果这个时候服装销售人员急于挽留顾客，这既会使得服装销售人员的表述前后矛盾，又会让顾客对价格心生疑虑。所以，服装销售人员回旋的最好方式就是请示领导，但这往往都是虚晃一枪，只是给顾客一段等待的时间，让他知道你在努力争取一个对他有利的价格。

技巧运用 2　红脸白脸，同事配合

　　遇到对砍价非常执着的顾客，服装销售人员可以请同事配合，一个唱白脸，就是不让价，一个唱红脸，帮顾客说情，全力争取优惠的价格和折扣。顾客看到这种情况，一方面会觉得价格确实已经比较实在了，另一方面会对唱红脸的服装销售人员全力争取来的让步或优惠更加珍惜，从而接受这个方案。

　　如果服装销售人员没有可以配合的同事，可以自己唱红脸，然后虚拟一个白脸。例如，服装销售人员可以这么说："这件衣服是全国统一售价，从来不打折，可是我跟您确实很投缘，就算今天不挣钱，交您这个朋友也值，我给您打八折，您可千万别跟其他人说。"这样让顾客感觉到服装销售人员做出价格上的让步是吃了大亏的，顾客对让步的结果才会更加满意。

情景065　我是店长的朋友，总得给我打折吧

情 景描述

　　顾客挑了一款服装对服装销售人员说："你们店长是我的朋友，这件衣服总得给我一个特别的折扣吧？"

行 为分析

　　顾客搬出店长、经理、老板，给服装销售人员施加压力，就是想以特殊的关系获取特殊的待遇。追根究底，顾客也是想获得特别的尊重和重视。服装销售人员对顾客不妨多一些赞美、多一些尊重、多一些关照，只要将这些方法运用得当，会比价格让步更能让顾客获得满足感和愉悦感。

话 术模板

话术模板 1　"赵先生，我们听店长说起过您，他说您挑衣服的眼光特别独

特，品位也很高。您看上我们店的衣服我很高兴。您是店长的朋友，您放心，这款服装绝对是最低价，您看价格标签上写着 218 元，比现在的价格要高出 50 多元呢。呵呵，您要不信，以后遇着我们店长可以问问他。您先试试衣服吧？"

※ 夸赞顾客的眼光和品位，让顾客有一个愉悦的购物心情。强调衣服确实是最低价，并提出可以向店长求证，以此让顾客更放心。

话术模板2 "您是我们的店长的朋友啊？可惜店长出差了，不然可以跟您好好聚聚。您放心，店长以前就交待过，只要是他的朋友，都要好好招待。跟您说实话，这件衣服确实是最低价了，您是我们店长的朋友，如果没照顾周全，店长回来肯定骂我。这样吧，好衬衣要配好皮带，我送您一条皮带吧，裂纹的，很有质感，与这件衬衣搭配很好看，您试试吧？"

※ 搬出店长的"指示"，意在向顾客证明你确实不敢违背店长的意思，同时要充分照顾到顾客的情绪，适当给予赠品或优惠。

话术模板3 "您放心，店长的朋友就是我们的朋友，价格上我们绝对会让您满意，最重要的是衣服要适合您，要是您穿着不满意，店长也会怪我们的。呵呵，来，您先试试这款外套，试衣间在这边。"

※ 先借着店长与顾客的关系，让顾客对你产生基本的信任感，然后绕过价格，邀请顾客试穿，等到顾客对服装产生兴趣后再来处理价格异议。

😞 错误提醒

错误提醒1 "是吗？我们店长没提过呀。"
※ 意指顾客在撒谎。

错误提醒2 "您等一下，我去请店长。"
※ 不要动辄就请上级，这样既有可能打扰上级正常工作，又不能使自己的业务能力得到提升。

错误提醒3 "就算是我们店长自己买，也是这个价格。"
※ 语气太强硬、太强势，让顾客很没面子。

技 巧运用

顾客一般会在两种情况下越过店员直接跟服装店的领导打交道：一种是与领导很熟，想直接通过领导来获得优惠价格；另一种是对服务或服装不满意，想跟能直接做主、直接负责的领导交流，以便更快、更好地解决问题。有的服装销售人员只要是顾客要求，或者觉得问题比较棘手，就立刻找领导求助。这样做一方面会打扰领导的正常工作，另一方面自主处理问题的能力也得不到提升。因此出现问题时，服装销售人员要快速地分析状况，积极想办法解决问题，如果事件确实超出了自己的权限和能力，也应想好方案，向领导做出详细的汇报后，再请领导来"救场"。

情景 066　我不要赠品和积分，直接打折吧

情 景描述

顾客看中了服装店里的一款服装，试穿后感觉很合适，问完价格后就一直砍价，服装销售人员表示确实不能降价了，但是可以赠送顾客一个赠品和一些积分，顾客摆摆手说："赠品和积分我都不感兴趣，你们直接给我打折吧。"

行 为分析

现在很多服装店都有会员卡或积分制度，但因为促销频繁，所以积分与赠品已经不足以吸引顾客。顾客更倾向于实际的、可立即实现的打折或降价。对于顾客不合理的要求，服装销售人员要委婉巧妙地拒绝，将顾客的注意力转移到服装的品质等问题上来。

话 术模板

话术模板 1　"小姐，跟您说实话，我觉得我们的这个赠品要比打折有价值得多呢。您看，我们的这件皮衣在这一条街上已经是最低价了，就算打九折，也才省 20 元钱，可是我们送的这瓶护理剂单卖要 50 多元呢，它是专门为这种皮质研发的，使用起来很方便，能让皮衣保持柔软光亮，即使穿几年还跟新的一样，不管是衣服，还是这个赠品，都是很划算的。您说是不是？"

※　顾客不接受赠品或积分，是因为没有意识到它们的价值，如果服装销售人员能把这种价值说出来，顾客可能就会乐于接受了。

话术模板 2　"大姐，您果然是实在人，那我也跟您说句心里话，这件衣服的价格确实是最低价了，您看，在您之前进店的两位顾客都是以这个价格买的。

我是觉得您一次次砍价，是真心喜欢我们店的衣服，虽然价格上我没办法给您优惠，但如果不送您一点东西，我也觉得对不住您。这条针织围巾是我的一份心意，您看这条围巾我们单卖还要 30 多元呢，其他顾客我都没送过。您戴上试试吧？"

　　※ 情感套近法：向顾客说明价格确实是最低价了，送赠品是为了答谢顾客，这样说清楚了，顾客也就不好意思拒绝了。

😞 错误提醒

错误提醒1 "我们店里没这个规定。"
※ 太绝对，会让顾客觉得你不通情理。
错误提醒2 "赠品和积分是送您的，不要白不要嘛。"
※ 没有抓住顾客真正关心的问题。
错误提醒3 "价格是不能降了，赠品您不想要就算了。"
※ 态度生硬，顾客会失去购买兴趣。

技 巧运用

　　顾客不买你的服装，是因为你没有将服装的价值全面展示给顾客；顾客不屑于你的赠品，同样是因为你没有将赠品与顾客的利益紧密地联系起来。因此在使出"赠品"这张底牌之前，服装销售人员一定要挖掘赠品对于顾客的价值，然后像介绍服装一样向顾客介绍赠品。这里有一个建议，服装店内的赠品不要贴上赠品标签，而是标上建议零售价，这样可以让顾客一目了然地看到赠品的价值，会更乐意地接受赠品。

Chapter 6

第6章
促销优惠这样讲

排除了顾客的所有疑虑后，服装销售人员还要善于利用店内的促销优惠活动。促销优惠活动在服装销售中运用得非常频繁，它能有效促进顾客下决心购买。服装销售人员一定要把店内的促销优惠活动熟记于心，并且在恰当的时机用合理的方式介绍给顾客。常见的促销方式有哪些呢？具体如图6-1所示。

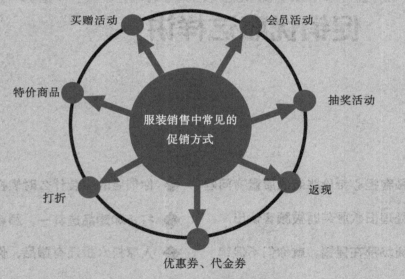

图6-1　服装销售中常见的促销方式

第 1 节　促销原因这样讲

情景 067　顾客担心特价服装的质量有问题

情 景描述

　　服装店正在对几款服装做特价促销活动，价格比平时低很多。顾客拿起其中一款外套在身前比了一下，大小和颜色都很合适。顾客看了看促销的价格，再瞧瞧店里其他服装的价格，最后放下了手中的外套说道："这件衣服价格这么低，肯定有质量问题。"

行 为分析

　　服装具有季节性的特点，换季或服装店需要清理库存、回笼资金的时候，服装店进行特价促销活动很正常。这样，顾客也能以更低的价格买到衣服，得到实惠。但是，很多顾客并不认可特价促销的服装。他们可能有这样的想法：特价处理的衣服，肯定有质量问题，花钱买一件有瑕疵的衣服还不如不买。因此，服装销售人员要想让这类顾客做出购买决定，就必须以可靠可信的事实和证据让顾客相信：特价销售的服装不仅价格实惠，而且质量也有保证。

话 术模板

　　话术模板 1　"嗯，我理解您的想法。以前卖 200 多元的衣服现在才卖 100 多元，您有这样的想法很正常。我们主要是为了回馈老顾客，所以才会有这么大的优惠活动。我给您拿两款服装比一下，您看这是我们特价促销的衣服，而这一件是我们售价 200 多元的衣服，它们的面料和做工都是一样的，您可以仔细比一比这两款，要是您能找出特价的这款有什么问题，我可以自掏腰包送一件给您。"

　　※ 先对顾客的想法表示理解，然后说明降价促销的原因，再请顾客自己比较
　　　特价与原价的两款服装，同时做出质量保证，增加顾客对特价服装的

信心。

话术模板2 "小姐，您这么想我能理解，很多顾客也这样问过我。您放心，这一款降价不是因为衣服有质量问题，而是它卖得好，一个季度就卖了2 000多件，在其他分店这款衣服都断货了，现在只剩下5件，尺码不太全，所以我们才做促销。这件小码的很多顾客都喜欢，可就是穿不了，您这么苗条，穿上肯定很合适。您试试吧。"

※ 向顾客强调进行促销的服装不是因为质量问题，而是因为卖得太好，余货不多，尺码不全。然后再夸赞顾客的身材好，博得顾客的欢心，鼓励顾客试穿。

话术模板3 "大姐，您一看就是一个很会买衣服的人。这款服装有没有质量问题，我说了不算，您用手摸摸，再跟其他衣服比一比。您看吊牌，这款服装经过了严格的质检，而且如果您拿回去后发现质量问题，我们包退包换，这下您放心了吧。来，您先试试。"

※ 以特殊的售后服务保障证明你对服装的信心与承诺，让顾客能够安心购买。

😞 错误提醒

错误提醒1 "本来就是嘛，一分价钱一分货。"
※ 这相当于承认了自己的服装是有问题的，顾客即使喜欢，也不敢买了。
错误提醒2 "没有，您放心，绝对没有质量问题。"
※ 缺乏强有力的说服证据。
错误提醒3 "您要想买好的，我们也有，但是比这款服装贵。"
※ 顾客会认为你瞧不起他。

技 巧运用

顾客对低价处理的服装的质量存在疑虑时，服装销售人员有以下两种处理方法：对于不存在质量问题的服装，服装销售人员应拿出可见的、可信的证据，例如请顾客自己查验、对比，或者出示质量检测结果，或者从价格对比、品牌信誉等方面来说服顾客；对于确实存在瑕疵的服装，服装销售人员可以坦率地告知顾客，并强调瑕疵并不影响穿着效果，让顾客对你的服装产生信心，为其他服装的销售或下次销售打下基础。

情景068　处理旧款服装时被顾客认出

情 景描述

顾客："这双鞋是前年的款式吧，你们怎么还在卖？"

服装销售人员："先生，您真识货，这双鞋的确是前年流行的款式……"

顾客："我当时想买，可是你们怎么都不打折。"

行 为分析

服装不仅要穿着舒适、好看，还要紧跟流行趋势，这也是顾客非常看重的一个因素，尤其是在款式上。所以一款服装一旦过时，它的销量就会下降，服装店为了把这些过时的旧款服装处理掉，一般都会采取打折等促销措施。

大多数顾客都习惯了商场的这种营销方式，所以当他们在服装店发现过时的旧款服装时，很自然地就会要求降价，甚至有些顾客喜欢在服装店寻找过时的旧款服装，他们认为这才是最实惠的。

话 术模板

话术模板1　"先生，您现在看到的这双鞋子的价格是我们的促销价，258元，这双鞋子的原价是358元。我们从来都没做过这么大的优惠，您现在购买正合适，物美价廉。"

※ 一般销售过时的服装都会采取一些优惠措施，服装销售人员要把优惠活动向顾客表述清楚，并强调物美价廉。

话术模板2　"小姐，您真识货，这款外套的确是前年的款式，可正因为它的款式非常经典，所以自从上市以后就从没打过折，销量一直特别好，这款外套不会那么快就过时的。"

※ 当旧款服装没有优惠活动时，可以把旧款的特别之处转化成卖点来介绍，强调服装款式经典，所以不会很快就过时的。

😦 错误提醒

错误提醒1 "一定是你看错了，这是今年的新款。"

※ 否认事实，与顾客争辩可能会引起顾客的不满。

错误提醒2 "我们店里最近没有活动，所有的服装都不打折。"

※ 等于告诉顾客"等店里有活动了你再来买吧"。

错误提醒3 "对不起，这件衣服本来利润就小，不能打折！"

※ 不足以说服顾客，很多顾客认为过时的旧款就应该降价。

技 巧运用

技巧运用1 服装店在处理过时的旧款服装时，一般都会采取一些优惠措施，这是服装行业的惯例。服装销售人员在向顾客介绍时，一定要将优惠措施解释清楚，并极力强调服装物美价廉。

技巧运用2 有些服装店并不会将过时的服装低价进行销售，这时服装销售人员可以把旧款的独特之处转化成卖点来介绍，强调服装款式经典，所以不会很快过时。当然，这种做法也有缺点，很多顾客对服装款式是否经典并不感兴趣。

第2节 打折促销这样讲

情景069 商场都在促销，就你们不促销

情 景描述

商场里很多品牌专柜都在搞促销活动，有的打八折，有的买一送一，顾客走进一家服装店，盯着一款服装看了很久，然后问服装销售人员："整个商场都在搞促销活动，为什么就你们店的服装没有促销活动？"

行为分析

"大促销三六九，小促销天天有"，商家越来越频繁、花样越来越多的促销活动，让顾客习惯了购物时有这样那样的优惠，毕竟，花更少的钱买到更多、更好的服装是大部分顾客的期望。尤其当同行业、同区域的其他商家都有促销活动的时候，你的店面如果没有打折、没有优惠活动，顾客就会感到很奇怪，甚至会很失望。但是，在促销活动与服装质量之间，顾客更看重什么呢？价格再优惠、折扣再低的服装，如果顾客不喜欢、不合身，那么再低的价格也没有意义。因此，服装销售人员要透过表象看到问题的实质，并且要把这些利弊分析给顾客听，顾客在认真听取、认真思考之后会对你的服装有全新的认识。

话术模板

话术模板1 "呵呵，大姐，您可冤枉我们了，我们店的特色就是实价销售，每一款衣服都保证是市场最低价。您看，我们店规里还有一条呢，只要您在其他商场看到同类服装的价格比我们低，我们双倍返还差价。其他专柜确实在搞促销，可我们店是天天在实价促销。很多顾客就喜欢来我们店买服装，价钱实在，买着放心。您尽管放心试，那边就是试衣间。"

※ 强调店面经营特色，并以强有力的店规作为证明，最后借其他顾客的口，
　　再次强调价钱的实在与公道，打消顾客的不解与疑虑。

话术模板2 "呵呵，先生，我理解您的想法。看您这身穿着就知道您是精英人士。对像您这样的成功人士来说，衣服打多少折并不重要，重要的是衣服适不适合您，能不能把您的品位和气质衬托出来，这才是最重要的，您说是不是？（微笑，稍稍停顿，等待顾客反应）所以，您先试试这件风衣，××公司的老板都喜欢来买这款风衣，您穿上肯定特别有魅力。"

※ 从顾客的穿着打扮入手，夸赞顾客的品位、气质，强调服装品质的重要
　　性，然后列举一些对顾客可能会有影响的老顾客，吸引顾客试穿。

话术模板3 "小姐，很多顾客都问过我这个问题。商场里确实有很多专柜在做促销活动，但我想您肯定也看到了，用来促销的服装都是快要换季的衣服，或者很大众化的款式，对吧？您看，我们店里的服装都是现在最流行的款式，很多年轻顾客都喜欢来我们店里买衣服。您这身打扮真好看，一看您就是一个有个性、有品位的人。您刚才看的这一款是××杂志最新一期的推荐款式，您试

试吧?"

※ 客观地指出其他专柜促销的真实原因，淡化顾客对促销的关注，将话题引
到自己服装的优势与特色上，并结合顾客的特征与喜好，强调顾客看中的
款式是时尚杂志推荐的，从而激起顾客试穿的欲望。

错误提醒

错误提醒1 "我们店里的服装的价格已经很低了。"

※ 缺乏说服力，顾客希望争取到更低的价格。

错误提醒2 "我们前两天已经做过促销活动了。"

※ 顾客有可能会抓住这一点来要求更低的折扣和优惠。

错误提醒3 "是的，我们不做促销活动。"

※ 这样会让顾客觉得要折扣、要优惠都没有希望，从而放弃购买。

技 巧运用

技巧运用1 打折和降价的力度不管多么大，都只是吸引顾客的一个方式，顾客最看重的、购买的还是服装的价值。因此，不管顾客提出什么样的条件，不管这些条件对销售如何不利，服装销售人员都要始终保持清醒，将阐述的重点以及顾客的注意力始终锁定在服装的价值上。

技巧运用2 先入为主，为顾客定基调

顾客的穿着打扮、言行举止都会透露出他们的经济能力与兴趣爱好，掌握了这些信息后，服装销售人员可以尝试先入为主，为顾客的消费能力、品位爱好等定下基调，让顾客无法拒绝你的夸赞，无法拒绝你推荐的服装。举例如下。

"看您的穿着打扮，就知道您是一个非常时尚的人，我们这款衣服的设计非常新潮，很多顾客都很喜欢，但都穿不出感觉，只有您这样懂时尚、会搭配的人才能穿出效果，您试试……"

"呵呵，您还跟我们砍价呀，一看您不在乎这点儿钱，您在乎的是衣服能不能显出您的品位，您说是不是？"

需要注意的是："先入为主"必须建立在对顾客深入、细致、准确的观察之上，否则会适得其反，对销售不利。

情景070　以后会不会有比现在更低的折扣

情 景描述

　　服装店上周末做了七折的促销活动，这周又做六折的促销活动，一位顾客在店里逛了一圈后，问服装销售人员："你们上周打折，现在又打折，一次比一次优惠，以后是不是还会有更低的折扣？"

行 为分析

　　顾客在消费时，往往希望得到更大、更多的优惠，只要顾客觉得你还可以让步，他们就不会只满足于目前得到的利益，也不会立即做出购买的决定。因此，服装销售人员要强调眼前的促销活动是最优惠的，并且要给顾客一种紧迫感，这样才有利于销售的迅速达成。

话 术模板

　　话术模板1　"大姐，看来您一直在关注我们店，真是谢谢您。这几件衣服是我们这个季度销量最好的款式，已经快卖断货了，现在尺码不全，所以我们连着做了两次促销活动。这些衣服以前都卖200多元呢，质量这么好的衣服打这么低的折扣，在我们店还是头一回。您身材这么好，又正好有您穿的尺码，至于质量怎么样，您穿上就知道了。"

　　※ 告知顾客促销的真实原因，同时暗示顾客库存不多了，应该抓住机会购买。

　　话术模板2　"小姐，谢谢您对我们店的关注。是这样的，这周是我们的店庆活动周，为了回馈老顾客，我们所有的衣服都打六折，明天是最后一天。很多老顾客这几天都来店里选购，他们说我们店好几年都没有这么优惠的活动了。您看看，要是有喜欢的可以试试。"

　　※ 向顾客解释促销的真实原因，并给出时间限制。还可以通过其他顾客的话来突出这次优惠幅度确实很大，以此吸引顾客。

　　话术模板3　"小姐，马上要过节了，所以我们挑了一些特别受欢迎的款式做促销活动，前天有一位顾客看中了一件呢子外套，她也想没准过两天还会有更低的折扣，今天她又过来看了，可惜那款呢子外套已经卖断货了，她特别后悔。六折真的是最优惠的价格了，过完节后服装的价格肯定会上调。小姐，遇到了就是机会啊，您看看有没有喜欢的衣服。"

※ 通过其他顾客的经历来暗示顾客，现在的价格已经是最低了，如果不买，下次再来可能就没货了。

错误提醒

错误提醒1 "这已经是最低折扣了。"

※ 缺乏说服力，顾客心里会想：你们都连着两次降价了，就肯定会有第三次。

错误提醒2 "再低我们就要亏本了。"

※ 意指顾客太贪心。

错误提醒3 "就这两天打折，信不信由您，不买您肯定后悔。"

※ 语气强硬，带有威胁的意思，容易激起顾客的不满。

技 巧运用

当顾客对降价、打折抱有不切实际的期望时，服装销售人员必须打破这种期望，告知顾客明确的促销活动期限、促销服装的余货，或者横向、纵向对比服装的价格。要向顾客传达这样的信息：不会有比现在更低的价格了，促销活动即将结束，促销的服装快要断货了。同时，可以加入一两位其他顾客错失服装的小故事，彻底打破顾客的"等待"心理，让顾客在紧迫感中做出购买决定。

情景071　你们店的服装什么时候打折

情 景描述

服装店有几款新货上市，店里统一都以原价销售。顾客很喜欢其中一款，试穿了一下，效果也不错，顾客犹豫了一下问服装销售人员："你们店这些新款服装什么时候会打折啊?"

行 为分析

几乎每一个服装店都会有打折的促销活动，即使平时不打折，节假日也会有一些优惠活动。促销活动的普遍与频繁，催生了顾客"等待促销"的心理。很多顾客往往在新品上市时来店里挑选、试穿，然后等到打折时再购买。促销活动确实能为顾客带来一些实惠，但是也可能为顾客带来遗憾或损失。

话 术模板

话术模板1 "小姐，我理解您，打折的时候这件衣服确实会便宜一些，但是您也看到了，这款服装卖得很火，现在很多分店都已经卖断货了，进货特别困难，也就我们店还剩 5 件。看得出来您是真的喜欢这件衣服，更难得的是它还非常适合您，如果错过了就太可惜了。再说早买不是可以早穿嘛，我觉得还是现在买比较好，您说呢？"

※ 制造紧迫感，给顾客施加压力，促使顾客做出购买决定。

话术模板2 "呵呵，先生，看您的穿衣风格就知道您是一个很时尚的人，我没猜错吧？新潮嘛，那就是要买最新最潮的衣服，您把这件衣服穿出去，其他人只能羡慕和跟风。如果有促销活动时再买，大街上人人都穿一样的衣服了，那就没意思了，您说是不？"

※ 激将法：抓住顾客追赶潮流的心理，刺激顾客做出购买决定。

话术模板3 "您这样想，我能理解。看来您是一个非常理性的人。您看我跟您算笔账，您现在买这件衣服，也就 200 元，今年还可以穿四个月，每个月也就 50 元。我们的促销活动一般都在换季的时候，最多打八折，也就是 160 元，可是您穿一个月就过季了。这样一算，打折是便宜了一点，可是不划算，对吧？呵呵，早买早享用。"

※ 对于一些顾客，服装销售人员可以用数据、价格分摊法来说话。

错误提醒

错误提醒1 "我们的新品服装是不打折的。"

※ 太强硬，不给自己留任何回旋的余地。

错误提醒2 "您周末再来看看。"

※ 尽量在顾客这次选购时达成销售，不要期待下一次。

错误提醒3 "这个我不知道。"

※ 顾客会觉得你不真诚，是在敷衍他。

技 巧运用

任何事物都有两面性，打折确实可以让顾客得到实惠，但是不断观望、等待促销也有缺陷。打折的时候服装容易断货或尺码不全，顾客可能不得不转而购买其他不太满意的衣服；新品打折时，买的人多，这时候穿就不再时尚了，缺乏新意；换季打折时，服装的价格便宜，但是穿不了多久就会过季。服装销售人员如果能够不断淡化促销带来的价格优惠，同时将"等待促销"可能存在的缺点传达给顾客，就能让一部分顾客放弃等待，抓住时机立即购买。

第3节　赠品促销这样讲

情景072　打折和赠品选其一，顾客却都要

情 景描述

某服装店正在做促销活动，顾客购满3件以上就可以享受七折的优惠，或者得到一个非常可爱的维尼熊赠品。

一位顾客买了3件衣服，但却要求既打七折，又要维尼熊赠品。

行 为分析

很多服装店在做促销活动时常常将打折和买赠同时进行，有时候会限定顾客只能选其中一样。顾客在购物的时候总是希望用更少的钱获得更多的利益，于是有些人打折和赠品两样都想兼得。这种事情很常见，服装销售人员要善于引导。

话 术模板

话术模板1　"不好意思，小姐，我们这个活动规定顾客只能选择打折和赠

品中的一样。这件衣服确实非常适合您，我觉得您看中的肯定还是衣服本身，所以我建议您还是选择打折，好吗？"

※ 引导顾客选择打折，说明购买的目的是为了服装本身，让顾客自己对比，降低赠品的吸引力。

话术模板2 "非常抱歉，小姐，我们这个活动规定顾客只能选择赠品和打折中的一样。看得出来，您非常喜欢我们的赠品，这个维尼熊确实很超值，这么算下来您相当于只用30元就买下它，但它在市场上的售价一般在100元以上，所以我建议您还是选择这只可爱的小熊吧！"

※ 引导顾客选择赠品，强调赠品的价格优势。

话术模板3 "非常抱歉，小姐，我们这个活动规定顾客只能选择打折和赠品中的一样，看您非常喜欢这只熊，这样吧，您把电话号码留一下，等我们的活动结束后看看赠品有没有剩余，如果有的话我再跟您联系送您一个，现在您就选择打折吧，好吗？"

※ 顾客始终坚持两个都要时，服装销售人员可以用这种方法引导顾客。

😞 错误提醒

错误提醒1 "对不起，您只能选择其中一样。"

※ 语气平淡，不能促使顾客做出选择。

错误提醒2 "你不要为难我，我不能那么做的。"

※ 意指顾客无理。

错误提醒3 "打折以后已经很优惠了，您就别再要赠品了！"

※ 没有说服力。在遇到这种情况时，有些顾客可能会觉得"有戏"，更会缠着服装销售人员不放。

技 巧运用

技巧运用1 服装店经常会同时进行买赠和打折两种促销活动，有时候会限定顾客只能选其中一样，但顾客往往会要求两项优惠活动同时享有。遇到这类情况时，服装销售人员要善于引导顾客，引导思路如图6-2所示。

技巧运用2 服装销售人员遇到顾客两项优惠活动都想要的情况时，拒绝顾客的语气要委婉，但拒绝的态度一定要坚决，不要让顾客有任何可趁之机。

| 注意观察，判断顾客更倾向于赠品还是更倾向于打折 | 根据自己的判断引导顾客选择打折或赠品，强调这样选择的好处 | 如果顾客非常坚持，引导并不能使其改变主意时，可以承诺等活动结束后如果赠品有剩余再送给他 |

图6-2　服装销售人员引导顾客选择赠品或打折的思路

情景073　人家打六折还有赠品，你灵活点

情 景描述

顾客："今天过节，你们店有赠品吧？"

服装销售人员："小姐，我们店内的所有服装今天全部八折出售，没有送赠品的活动。"

顾客："人家对门那家店，今天打六折，而且还送精美的赠品，你们就不能灵活点吗？"

行 为分析

顾客都希望花更少的钱获得更多的利益，但不代表哪家服装店的折扣更低、赠品更精美，顾客就会选择它们。服装作为生活的一种必需品，我们每天都离不开它。顾客在购买服装时更看重品质、价格等因素，而促销优惠活动只是一种刺激顾客消费的方法，如果一个服装店每天都在做同样的促销活动，就相当于没有优惠。

顾客说出"人家的优惠活动比你们多"等话时，只是为了刺激服装销售人员，希望能得到更多的优惠。其实，这并不是顾客内心真正在意的东西，他并不会因为这个原因而放弃购买服装，服装销售人员大可不必太在意，礼貌地表示尊重顾客的意见即可。

话 术模板

话术模板1　"哦，非常感谢您提的意见，我一定会把您的意见反映给我们

的领导，我也觉得我们店的服装折扣太少，这也可能是因为我们的价格本身就比较实惠吧。不管怎么说，谢谢您的意见。"

※ 感谢顾客提出的意见并表示认同，同时表示会把他的建议反映给我们的公司的领导，暗示自己的服装本身就比较实惠，所以折扣少。

话术模板 2 "嗯，谢谢您的意见！是这样的，今天早上也有一位先生跟我这么说，我已经把他的想法反映给我们的领导了，不过我们店长说我们的服装本身定价就低，所以即使过节也只能打这么多折扣了，但这确实已经非常优惠了。"

※ 委婉道出自己店里服装折扣少的原因是本身服装定价就低，已经足够优惠，将此原因转化成服装的卖点。

😞 错误提醒

错误提醒 1 "不会吧？那么低吗？还有赠品？"

※ 意指顾客是在撒谎。

错误提醒 2 "我们生意好，用不着打那么低的折扣。"

※ 盛气凌人，容易引起顾客的不满。

错误提醒 3 "我们确实做不到，这已经是最低价了。"

※ 相当于承认了自己不如别人。

错误应对四 "你先看看有没有你喜欢的衣服，价格好商量。"

※ 让顾客觉得服装销售人员不实在，价格水分很大。

技 巧运用

技巧运用 1 顾客在逛服装店时，常拿别的服装店的优惠活动来刺激服装销售人员，顾客这么做的目的就是想争取更多的优惠。其实，这并不是顾客真正在意的地方，顾客不会因为这个原因而放弃购买服装。所以服装销售人员不用太较真，只需礼貌地对顾客的说法表示认同，并表示会将他的想法反映给公司领导，这样顾客感觉受到了尊重和重视，也就不再纠缠这个问题了。

技巧运用 2 遇到同样的问题时，服装销售人员也可以将"优惠力度小"转化成卖点来介绍，告诉顾客优惠力度小的原因是服装的定价低，利润空间小，这样反而可以赢得顾客的信任，促成交易。

Chapter 7

第7章

促成交易这样说

◆ 这件衣服不是纯棉的，我就喜欢穿纯棉的衣服

◆ 这件衣服的款式、颜色我都满意，就是面料让人感觉不舒服

◆ 这件衣服不能水洗，打理起来太麻烦了

◆ 顾客看中一款服装，可同伴却说不好

◆ 我很喜欢这件衣服，可我的同事也有一件一样的

◆ 顾客试了多件衣服，却还是决定不了买哪一件

◆ 这件衣服不错，下次我带朋友过来帮我参谋后再定

◆ 这件衣服还行，不过我得回去跟老公好好商量一下

◆ 改天我把男朋友带来，让他亲自试试再决定

◆ 我就先试试，等你们打折时我再买

◆ 如果一个月内你们打更低的折扣，我就找你们退货

◆ 不打折，那把模特身上戴的饰品送给我吧

通过服装销售人员的介绍、顾客试穿等环节，顾客对自己感兴趣的衣服已经有了充分的认识，可就是不做购买决定，该怎么办呢？服装销售人员应随时关注顾客的一举一动，采取措施激发顾客的购买欲望，捕捉顾客发出的购买信号，运用适当的方法促使顾客下决心购买。

成交前的临门一脚，怎么踢才能使交易及早达成呢？服装销售人员在与顾客沟通时需要掌握以下知识或技巧，具体如图 7-1 所示。

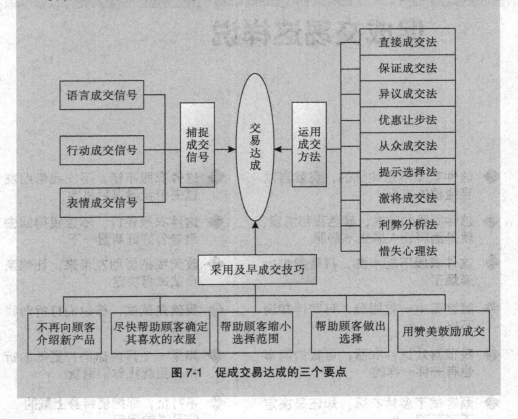

图 7-1　促成交易达成的三个要点

第 1 节　不知该不该买这样说

情景074　这件衣服不是纯棉的，我就喜欢穿纯棉的衣服

情 景描述

　　某服装店内，一位顾客在仔细看完一款服装后，皱了皱眉头，对服装销售人员说："这件衣服挺好看，可惜不是纯棉的，我喜欢穿纯棉的衣服。唉，还是算了吧。"

行 为分析

　　顾客仔细查看衣服，说明他喜欢这件衣服，有购买需求。但是，顾客又以自己喜欢穿纯棉的衣服为由拒绝购买，其中有三种可能，如图 7-2 所示。

真实异议	• 顾客确实喜欢穿纯棉的衣服 • 顾客皮肤敏感，只能穿纯棉的衣服
离开借口	• 想到其他地方转转，看有没有更好的衣服，不想现在就做决定 • 接受了服装销售人员的服务，不好意思直接离开，所以找个借口
压价策略	• 不好意思直接砍价，所以找个借口，希望服装销售人员主动降价 • 试探服装销售人员的口风

图 7-2　顾客拒绝购买的原因

话 术模板

　　话术模板 1　"是啊，大部分人都喜欢穿纯棉的衣服，因为纯棉的面料透气

性好，穿着舒服，尤其是夏天。所以我们这款衣服的面料里加了××%的棉，穿起来一样舒适，您一点儿都不用担心。而且您看（指示面料成分给顾客看），还有××成分，这样打理起来也更方便，不会像纯棉的衣服那样容易缩水和起皱。大姐，我建议您穿上试试，您自己亲自感受一下就知道了。来，您试试？"（如果顾客按照指引试穿衣服，说明顾客很喜欢这件衣服，销售有望成功；如果顾客坚决不试穿衣服，服装销售人员要进一步探询其真实想法，然后再采取适当的方法应对。）

　　※ 肯定顾客的观点，同时强调衣服面料的特性，既能满足顾客的需要，而且易于打理，让顾客转变观念。

　　话术模板2　"是呀，我理解您的想法，因为纯棉的衣服透气性好，而且吸汗，夏天穿起来很舒服。您拿的这件衣服的面料虽不是100%纯棉，但是一点儿也不逊色，很多顾客都喜欢这种'棉+××'的面料，因为这种面料……（详细介绍此种面料的优点）。所以，您不用担心穿上会不舒服。况且，衣服一定要亲自试穿一下才知道好不好，这边是试衣间，您试试再说……"

　　※ 综述衣服的面料的优点，引导顾客转变观念。

😞 错误提醒

　　错误提醒1　"这种面料比纯棉的好。"

　　※ 简单应对，没有说服力，同时有贬低顾客不识货的意味。

　　错误提醒2　"纯棉的面料容易缩水、起球，还不如这种面料呢！"

　　※ 有挑衅意味，会让顾客感觉不舒服。每个人都有自己的喜好，顾客提出这一异议无可厚非。

　　错误提醒3　"我们那边有纯棉面料的服装，您可以再看看。"

　　※ 无视顾客对这件衣服款式、颜色的喜爱，消极应对，是放弃销售的表现。

技 巧运用

　　转移顾客的关注点

　　面对顾客的购买疑虑，服装销售人员应以专业、自信的表现及真诚的态度应对，为顾客解决问题，增强顾客的购买信心。同时可采用"是的……如果……"的句式转移顾客的关注点。

　　处理顾客疑虑的方法是转移异议，对于顾客真正关心的问题，可以运用下列方式转移他们关注的焦点。例如，"我很理解您，同时……""我很认同您的观点，但是……"等，这样可以避免双方就某一问题发生争执，从而有效化解顾客的疑虑。

情景075　这件衣服的款式、颜色我都满意，就是面料让人感觉不舒服

情 景描述

某品牌服装店内，一位顾客仔细打量手中的衣服，试穿后看着镜中的自己十分高兴，可是脱下后又摸摸衣服的面料，摇了摇头对服装销售人员说："这件衣服不错，款式、颜色我都满意，就是面料穿上让人感觉不舒服。"

行 为分析

顾客说衣服穿上让人感觉不舒服，表明顾客很在意衣服的面料以及穿着的舒适度。顾客对衣服的其他方面都满意，说明顾客有购买需求，此时要想顺利成交，服装销售人员只有想办法打消顾客的顾虑，说服对方接受这款服装。

话 术模板

话术模板1　"先生，请问您穿上这件衣服感觉哪里不舒服呢？（引导顾客将疑虑说得具体一些）……先生，这个地方是根据人体的特征，特意添加的这种耐磨面料，您穿着它可以活动自如，不用担心会把这个地方磨破。您再穿上看看（引导顾客再次试穿）……您看，这个部位经常需要活动，容易把衣服磨坏，所以我们的设计师特意设计成这样的……"

※ 了解顾客的疑虑后，从设计和面料的角度消除顾客的疑虑，提升顾客购买的信心。

话术模板2　"小姐，您真是好眼力，一眼就看出来这款服装的与众不同之处。这款服装用的是进口的××面料，就是为了保证人们在穿着的时候更加舒适、合身，这种面料的优点是……（详细介绍服装面料的优点，以使顾客改变想法）……难得碰上这样合身的衣服，我给您包起来吧。"

※ 将面料的优点告诉顾客，促使交易达成。

☹ 错误提醒

错误提醒1 "这是纯棉的面料，怎么会不舒服呢？"

※ 无视顾客的感受且没有说服力。

错误提醒2 "这款衣服已经卖了好多件了，还没有人提出过这种问题。"

※ 将顾客孤立起来，让顾客感觉自己很另类，易引起顾客的反感和拒绝。

错误提醒3 "不会吧，这种面料是进口的，穿上很舒服。"

※ 直接反驳顾客，易引起争执，破坏销售氛围。

技 巧运用

技巧运用1 顾客试穿衣服后，针对衣服提出的异议可分为疑虑、误解和缺点，服装销售人员应针对不同的异议采取不同的应对措施，具体如表7-1所示。

表7-1 服装销售人员针对顾客提出异议的应对措施

应对措施	具体应用	使用要点
消除疑虑	无论顾客是对衣服的质量还是面料等有疑虑时，服装销售人员都要提供相关的资料，证明确实如自己所说的那样，消除顾客的疑虑	证明资料必须能够消除顾客的疑虑，即要针对顾客怀疑的地方出示证明资料
解除误解	误解是由于顾客不了解服装，服装销售人员应通过询问、说明、展示等方式解除误解	引导顾客说出异议的具体原因，并向顾客解释，挖掘顾客的需求
面对缺点	如果所销售的服装确实有顾客所说的缺点，服装销售人员应在坦率承认服装缺点的基础上，努力转移顾客的关注点，强调服装能给顾客带来的好处。当顾客对服装产生兴趣时，服装销售人员可主动提出成交请求	坦诚相待，承认服装的缺点，重述好处，激发顾客的购买欲望

技巧运用 2　在销售服装的过程中，服装销售人员还应注意观察顾客的表情信号，如顾客虽然嘴上说自己试穿的衣服有缺点，但脸上却流露出爱不释手的表情。此时，服装销售人员就可主动一些，促成交易的达成。顾客要购买的表情信号如图 7-3 所示。

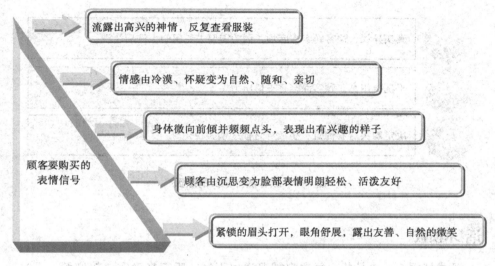

顾客要购买的
表情信号

流露出高兴的神情，反复查看服装

情感由冷漠、怀疑变为自然、随和、亲切

身体微向前倾并频频点头，表现出有兴趣的样子

顾客由沉思变为脸部表情明朗轻松、活泼友好

紧锁的眉头打开，眼角舒展，露出友善、自然的微笑

图 7-3　顾客要购买的表情信号

需要注意的是：通常情况下，顾客通过面部表情表现出来的成交信号都比较微妙，服装销售人员要善于观察，及时发现这些稍纵即逝的信号。

情景 076　这件衣服不能水洗，打理起来太麻烦了

情景描述

一位顾客在服装店内看中了一款服装，试穿效果也不错，正准备买的时候，看了看洗涤说明，然后问服装销售人员："这件衣服不能水洗？"服装销售人员回答说："是的，这是纯毛面料，水洗容易变形。"顾客一听，放下手中的衣服说："那还是算了吧，不能水洗，打理起来太麻烦，我不要了！"

行 为分析

顾客喜欢某件衣服，但担心不能水洗，打理起来太麻烦，其中的原因可能有以下几个，如图7-4所示。

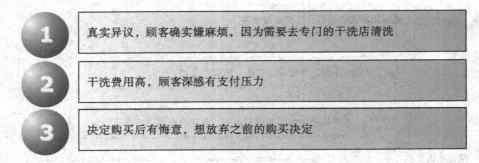

1 真实异议，顾客确实嫌麻烦，因为需要去专门的干洗店清洗

2 干洗费用高，顾客深感有支付压力

3 决定购买后有悔意，想放弃之前的购买决定

图7-4　顾客放弃购买的原因

话 术模板

话术模板1　"是的，每次都需要送去干洗，听起来确实比较麻烦。不过，现在干洗店很多，您出门买东西时顺便送去就可以了，也不用专程跑一趟。而且现在很多干洗店都提供上门取衣、送衣服务，只要一个电话就能搞定，非常方便，您说呢？"

※ 说明干洗很容易，消除顾客嫌麻烦的顾虑。

话术模板2　"您说的没错，送去干洗的确有些麻烦，不过，为了保证穿着效果，现在质量好的衣服几乎都要干洗。其实也不麻烦，您想想，衣服换着穿，一季下来也就洗几次。大姐，衣服穿着好，大家都夸您，这点小麻烦您就费点心吧。"

（如果顾客仍坚持自己的观点，则表明顾客可能有支付压力。这时，服装销售人员要想办法帮助顾客解决问题）

A. "大姐，现在很多干洗店都有会员服务，您可以在家附近的干洗店办一张会员卡，这样每次洗衣服还能享受优惠呢，一年下来也没多少钱。（如果顾客点头同意）我给您包起来吧！"

B. "大姐，您看这样可以吗？我在现在的价格基础上再给您优惠30元，算是给您干洗这件衣服的一点补偿，谁让大姐喜欢这件衣服呢？我们也交个朋友，以后您多带朋友来。（如果顾客点头同意）我给您包起来吧！"

　　※ 强调干洗没有想象中的那么麻烦，或做一些小的价格让步以安抚顾客。

　　话术模板3　"是的，我很理解您。现在大家都很忙，有点时间还想休息一会儿呢，所以很多人都喜欢买打理起来方便、简单的衣服。我建议您再看看那几款衣服，与这款风格相近但面料不同，既好打理又好看。您过这边来，这几款应该都比较适合您，您试试吧。"

　　※ 认同顾客的想法，并推荐风格相似的其他服装，解决顾客提出的问题。

😞 错误提醒

　　错误提醒1　"那您看看其他款吧，我们店也有不需要干洗的服装。"
　　※ 错误地认同顾客的观点，放弃引导顾客转变观点的努力。
　　错误提醒2　"现在贵一点的衣服都需要干洗，其实也没什么麻烦的。"
　　※ 意指顾客没有见识和品位，让顾客很尴尬。
　　错误提醒3　"一年就洗几次，不会太麻烦的！"
　　※ 有质问顾客的意味，会引起顾客更大的质疑。
　　错误提醒4　"这种进口面料就是这样，必须干洗！"
　　※ 语气生硬且没有解释"必须干洗"的原因，让顾客更坚持自己的想法。

技 巧运用

　　技巧运用1　承认顾客的观点，打消顾客的疑虑。或者推荐可以水洗但款式类似的服装，解决顾客担心的问题。

　　技巧运用2　根据顾客的实际表现和通过观察揣测顾客的心理，服装销售人员可以采用优惠让步法和异议处理法尽快促成交易的达成。

　　优惠让步法是指服装销售人员通过提供某种优惠条件，如降价、附赠赠品、售后保证等，进而促成交易的方法。它利用了顾客在购买服装时希望获得更大利益的心理，如图7-5所示。

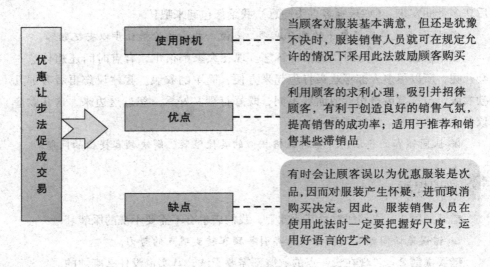

图 7-5　优惠让步法

第 2 节　挑产品问题这样说

情景 077　顾客看中一款服装，可同伴却说不好

情 景描述

某服装专卖店内，一位顾客和朋友结伴来购物。顾客看中了一款服装，试穿后想买下，于是征求朋友的意见，可对方却说：

"去别的店转转再说吧！"

"这件衣服不适合你的风格，穿着效果一般。"

"这种款式的衣服你不是已经有了吗？快走吧！"

行 为分析

人们在购物时往往是结伴而行，三五好友或与家人一起逛街，互相有个照应和参谋。所以同伴的意见对顾客的购买行为产生的影响不可小觑，而且陪伴购物的人越多，销售成功的难度就越大。顾客的审美观点、喜好各不相同，顾客选中的衣服，同伴不一定喜欢，或者出于对朋友的关爱等因素，同伴总会提出一些意见或建议，这是很正常的现象，也是服装销售过程中常会遇到的情况。

话术模板

话术模板 1　（对顾客）"呵呵，您能有这么好的朋友给做参谋真好！"（笑着对顾客同伴）"您说得对，不过这款服装还有其他颜色，而且类似的款式也有，咱们一起帮您的朋友挑一个最适合她的，好吗？"

※ 赞美顾客及其同伴，既缓和了现场气氛，又适时将顾客的同伴拉拢到自己这一方。

话术模板 2　（对顾客）"真羡慕您能有这么好的朋友，周末一起出来逛街。"（对顾客同伴）"您一定很了解他，请教一下，您看您的朋友最适合哪种款式的衣服呢？也好帮我一起给她挑一件更满意的。"

※ 肯定顾客和同伴的友情，巧妙地从顾客的同伴口中得知顾客的喜好，有利于下一步的销售推荐。

话术模板 3　（对顾客的同伴）"小姐，您对您的朋友真是用心，能有您这样的朋友真好。请问，您觉得什么地方让您感觉不好呢？您可以告诉我，我们一起来给您的朋友提建议，帮她找一件更适合她的衣服。"

※ 赞美顾客的同伴，并引导其说出自己的想法，以便于接下来的销售推荐。

错误提醒

错误提醒 1　"只要您喜欢就行了，不是吗？"

※ 忽视顾客的同伴的意见，是对顾客的不尊重，也会造成顾客的同伴的不满。

错误提醒 2　"您朋友说的太武断了！"

※ 批评顾客同伴，容易导致顾客及其同伴的反感。

错误提醒 3　"不是这样，这款服装卖得特别好。"

※ 变相贬低顾客的同伴的眼光，会导致顾客的排斥心理。

错误提醒 4　"怎么不好看，这个搭配很有特色呀。"

※ 缺乏说服力，易导致与顾客的同伴产生对立情绪，不利于销售的顺利

进行。

错误提醒5 不理会顾客的同伴的意见。

※ 对顾客的同伴的意见不做任何表示，是对顾客的同伴的不尊重，容易引起其不满情绪。

技 巧运用

技巧运用1 对于顾客的同伴提出的不利意见，服装销售人员要摆正心态，变不利为有利，用赞美等方式拉拢顾客的同伴与自己形成统一战线，争取从同伴那里获得支持，促进成交，避免直接反对顾客的同伴的意见，也不可无视其意见。

技巧运用2 发挥顾客的同伴的积极作用，服装销售人员要做到以下两点，以挽留住顾客，进而达成交易，如图7-6所示。

给顾客的同伴以足够的重视	让顾客与其同伴相互施压
服装销售人员对顾客及其同伴都要热情接待，同时可通过目光转移、赞美、适当征询同伴的意见或建议等方法让同伴感受到自己被尊重与重视，还可将顾客的同伴拉为"合伙人"，共同为顾客推荐衣服	在顾客对衣服感觉满意时，服装销售人员可以这样说："您的朋友真是了解您，她给您推荐的这款服装穿在您身上再适合不过了。"或"这位先生，您的女朋友应该很喜欢这件衣服。"

图7-6　发挥顾客的同伴积极作用的方法

情景078　我很喜欢这件衣服，可我的同事也有一件一样的

情 景描述

某品牌服装卖场，一位顾客对一款服装爱不释手，服装销售人员问其是否要购买时，顾客却说："我确实很喜欢这件衣服，可我的同事也有一件一模一样的，还是算了吧！"

行 为分析

与同一公司或同一办公室上班的同事穿同样一件衣服确实很尴尬，因为很多人都有追求个性的心理，和别人穿同样的衣服显得自己没有个性。在听到顾客有这样的疑虑时，服装销售人员要明白眼前的状况：顾客喜欢这件衣服，只是觉得和同事的一样，但这并不代表顾客就不会买。所以服装销售人员要推进销售，而不是被顾客牵着鼻子走，尤其是在销售的最后阶段。

话 术模板

话术模板1 "是吗？我们这款服装卖得特别火，您看一上午就卖出去4件（出示销售记录给顾客看）。不过，同一办公室里两个人穿同样的衣服确实让人感觉有点尴尬。没关系，小姐，我们这里和这件衣服类似风格的款式还有几件，我觉得颜色和花色也都非常适合您，您可以试穿一下，看看效果如何。您请这边来……"

※ 认同顾客的观点的同时，强调服装的销量好，为接下来的销售推荐奠定基础。

话术模板2 "是吗？那真是太好了，这么多人喜欢我们的衣服。不过您不用担心，这一款还有其他两种颜色，白色和咖啡色，我觉得以您的身材和气质，白色更适合您，您试试……"

※ 为顾客推荐新的、更适合的颜色，既避免同事间穿同样衣服的尴尬，又能让顾客买到称心的衣服。

😞 错误提醒

错误提醒1 "喜欢就买呗，您还考虑那么多，再说不一定非要上班穿。"
※ 语气强势，易导致顾客的拒绝或反感。

错误提醒2 "那您再看看别的吧！"
※ 认同顾客的想法，导致销售失败。

错误提醒3 "那我换一个颜色您试试。"
※ 承认了顾客的看法，放弃销售努力，顾客拒绝购买的心理会更加坚定。

错误提醒4 "每个人穿起来的感觉不同，您不用顾虑那么多！"
※ 直接反驳顾客的话，没有正面解决顾客的问题。

技 巧运用

技巧运用1 在应对这样的问题时，服装销售人员要灵活处理，在服装款式、颜色或类似款式上做文章，向顾客推荐更适合他的服装，而不是消极放弃。

技巧运用2 在销售的最后阶段，服装销售人员还要注意观察顾客的言行，其中有些是顾客发出的购买信号。不应该因为顾客说出自己的担心或疑虑就放弃销售努力，而应想办法促成交易。顾客的具体购买行为信号如下。

（1）拿起衣服认真地查看有无瑕疵，表现出一副爱不释手的样子。

（2）重新回来关注同一款服装或同时索取几个类似款式的服装进行比较、挑选。

（3）在服装销售人员的推荐下表示愿意先试穿衣服。

（4）对某款服装开始注意或感兴趣，如反复翻看价格标签和衣服的面料等。

（5）不再发问，若有所思或不断地观察和盘算。

（6）离开后又返回来，再次关注同一款服装或征求旁边的人的意见。

（7）突然变得轻松起来，态度友好。

（8）放开交叉抱在胸前的手（双手交叉抱在胸前表示否定，当把手放下时，障碍即消除）或松开了原本紧握的拳头。

（9）不断地点头，当顾客一边看衣服一边微笑地点头时，表示他看中了此款服装。

技巧运用3 穿的人多说明衣服好看。服装销售人员可以利用"从众成交法"，促进交易的达成。具体内容如图7-7所示。

从众成交法

- 指利用顾客的从众心理，促进顾客立刻购买服装的方法
- 使用时机：所售服装是畅销服装，是顾客喜爱的款式或品牌；顾客对服装有需求，但因为种种原因不能下决心购买；巧妙利用其他顾客的购买行为激发顾客下决心购买；当所销售的服装有名人代言或与当前重大事件有关时
- 不适用于那些喜欢标新立异、与众不同的顾客
- 若所举的"众"不恰当，不但无法说服顾客，还可能制造新的成交障碍，失去成交机会

图7-7　从众成交法

情景 079 顾客试了多件衣服，却还是决定不了买哪一件

情 景描述

某服装店内，一位顾客试了几件衣服，每一件都认真挑选、试穿，就是迟迟不做购买决定，不知道买哪一件好。

行 为分析

顾客反复试穿多件衣服，说明其确实有购买需求，但是迟迟不做出购买决定，可从以下两个方面分析原因，如图 7-8 所示。

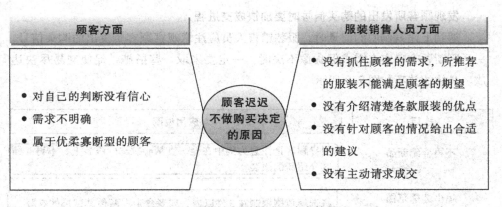

顾客方面	服装销售人员方面
• 对自己的判断没有信心 • 需求不明确 • 属于优柔寡断型的顾客	• 没有抓住顾客的需求，所推荐的服装不能满足顾客的期望 • 没有介绍清楚各款服装的优点 • 没有针对顾客的情况给出合适的建议 • 没有主动请求成交

顾客迟迟不做购买决定的原因

图 7-8　顾客迟迟不做购买决定的原因

话 术模板

话术模板 1　顾客又试穿一款衣服时，服装销售人员说："真好看！款式挺好，尤其是领子，有一种不对称的美。还有扣子也很别致，这是这款服装专用的扣子。颜色也很好，浅浅的灰色有点发亮，时尚又不失稳重，素雅中透着前卫，与您的气质很搭配。"

※ 恰当地赞美顾客，加强顾客的购买信心。

话术模板 2　"大姐，您刚才试的这几款上衣，我觉得这款和那款您穿上都合适，这款……（说明服装的优点、顾客穿上合适的理由），那款……（说明服装的优点、顾客穿上合适的理由），您觉得呢?"

※ 给出建议，同时缩小顾客的选择范围。

错误提醒

错误提醒1 "试了这么多件衣服，您到底买哪件呀？"

※ 显示出不耐烦，有指责顾客的意味。

错误提醒2 "这件衣服不是挺好吗？"

※ 替顾客做主，不了解顾客的真正需求。

错误提醒3 "那您再看看那边的款式。"

※ 介绍新服装，增加顾客的选择难度，不利于成交。

技 巧运用

发现顾客所发出的购买信号时要加快成交进程

遇到上述案例中的情景时，服装销售人员应注意观察顾客所发出的购买信号，一旦判断顾客确实有需求但犹豫不决时，一定要采取一些措施，促使交易尽快达成。具体的技巧如图7-9所示。

技巧	应用说明
不再介绍新品	引导顾客把注意力集中在他一直精心挑选的服装上，不再向顾客介绍新的服装
缩小选择范围	将选择范围限制在3件以内，或者拿走一两件其试过的衣服
确定目标	细心留意顾客的行为（注视时间、询问次数、试穿次数等）
帮助顾客做出选择	暂停讨论成交问题，转而热情地帮顾客挑选颜色、样式
恰当赞美顾客	注意赞美要恰当，发自内心，不可让顾客感觉是奉承或带有某种目的

图7-9 加快成交进程的技巧

第 3 节 找第三方这样说

情景 080 这件衣服不错，下次我带朋友过来帮我 参谋后再定

情 景描述

某品牌服装卖场，一位顾客在试穿了一款上衣后，表现出很喜欢的样子，但是没立即购买而是转身对服装销售人员说："这款衣服不错，等我带朋友过来帮我参谋参谋再说。"

行 为分析

顾客喜欢某款服装却不立即购买，还要改天让朋友过来做参谋，这可能是出于以下四种原因，如图 7-10 所示。

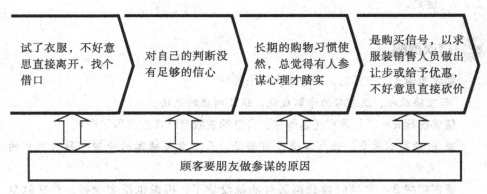

图 7-10 顾客要朋友做参谋的原因

遇到这种情况，服装销售人员首先要尽量留住顾客，并通过自己真心实意地为顾客做参谋赢得其信任，进而促使顾客做出购买决定。

话术模板

话术模板1 "也好，不过我担心您下次带朋友过来时这件衣服就没有货了，这款服装卖得特别好，您看，今天就卖出去3件（向顾客出示销售记录）。昨天就有一位顾客带朋友来看她前两天挑中的一款服装，可是没货了，调货也调不到，她非常懊恼，弄得我们也挺不好意思的。所以我建议如果您喜欢，今天就拿上，也不必再跑一趟了。您再试试，感觉一下。"

※ 将自己的担心告诉顾客；列举销售记录，进一步强调服装的销量好；给出
  建议，直接请求成交，与此同时也留住了顾客。

话术模板2 "小姐，今天您没带朋友过来真是太遗憾了！我觉得这件衣服不管是款式还是颜色都非常适合您，并且我们正在搞促销，价格也有优惠，过两天促销活动就结束了，而且到时候还不一定有货，如果没货您就白跑一趟了，所以您还是今天买比较合适。"

※ 利用顾客想要获得优惠的心理，刺激顾客做出购买决定。

话术模板3 "这样也好，我尊重您的决定。只是我觉得这件衣服就像给您量身定做的一样，非常适合您，所以我想请教一下，是什么原因让您现在不能下决心购买呢？"

※ 尊重顾客的决定，询问顾客的真实想法，以便接下来有效引导顾客做出
  决定。

错误提醒

错误提醒1 "好吧，那您下次再来买吧。"

※ 直接放弃，没有努力争取成交，这是消极的做法。

错误提醒2 "是你穿还是他穿，自己的衣服自己喜欢就得了呗！"

※ 对顾客不尊重，让顾客很没有面子，易激发与顾客的矛盾，影响双方的
  关系。

错误提醒3 "到时候您再买可能就没货了，再说也没多少钱，喜欢就拿上呗！"

※ 这样的语气容易让顾客产生被轻视的感觉。另外，没给顾客解释"今天为
  什么不买"的机会。

技 巧运用

技巧运用1　面对信心不足的顾客，服装销售人员应注意观察以判断顾客的真实想法，然后根据具体情况提出专业的建议并直接请求成交。

技巧运用2　如果顾客对做出购买决定犹豫不决，服装销售人员首先要对服装有信心，并把这份自信传达给顾客，尽可能地使谈话围绕着销售核心与重点。当解决了顾客的异议或疑虑之后，要及时请求成交。

技巧运用3　在销售过程中，服装销售人员要始终观察顾客的一举一动，发现购买信号时及时提出成交请求。如果顾客由提出异议、问题等转为谈论以下内容时，服装销售人员可以认为顾客是认同服装、产生购买欲望后发出的购买信号，如图7-11所示。

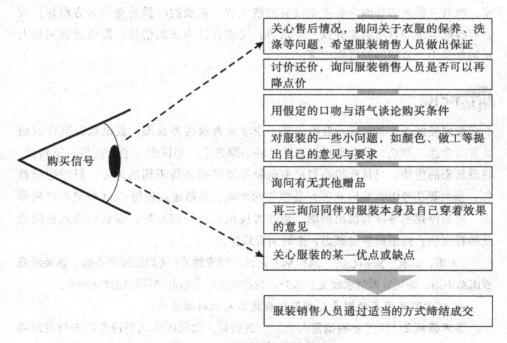

图7-11　顾客发出的购买信号

情景081　这件衣服还行，不过我得回去跟老公好好商量一下

情 景描述

某服装店内，一位大姐对一件上衣爱不释手，反复试穿，可当服装销售人员提出成交请求时，她却说："这件衣服还行，我得回去跟老公好好商量一下再说。"

行 为分析

女为悦己者容，很多女性顾客购买衣服就是想把自己打扮得更漂亮，给自己的老公（男朋友）眼前一亮的感觉，因此买衣服时需要得到老公（男朋友）的肯定；也有一些顾客是因为在家里没有经济大权，花钱的时候需要与对方商量；或者有些顾客是为自己的离开找一个借口；又或者是成交的信号，即给服装销售人员施加压力，希望能够得到优惠。

话 术模板

话术模板1　"大姐，看得出来，您非常喜欢这件衣服，我也觉得这件衣服非常适合您，颜色、款式都衬得您更年轻、漂亮了。您说想与老公商量一下再买，我理解您的想法，只是我担心自己有解释不清楚或招待不周的地方，所以想请教您，您主要在考虑哪些因素呢？是服装的款式、颜色还是价格？"（微笑着注视顾客，适当停顿引导顾客说出顾虑，当顾客说出自己的担心后，服装销售人员应就此解释说明，打消顾客的顾虑，继而引导成交。）

"大姐，您看，您担心的问题我刚才是否解释清楚了？（如果顾客点头、微笑示意或沉默不语，则可立即请求成交）那好，我把衣服给您包起来还是您就穿回去？"

※ 探询顾客考虑的因素，解答完疑虑后马上请求成交。

话术模板2　经过服装销售人员的一番引导，如果顾客仍坚持要回去与老公商量后再决定，那么服装销售人员不要强留顾客，应该给顾客留下一个好印象。

服装销售人员："好的，大姐，我完全理解您。不过这件衣服确实与您的身材、气质很配，您看……（介绍服装的优势，刺激顾客的购买欲望）难得遇到一件喜欢的衣服，这样吧，这款衣服就剩最后2件了，我给您留一件吧，因为我真希望您能够拥有它，与这件衣服失之交臂实在是太可惜了！"

※ 汇总利益，刺激顾客的购买欲望，同时给顾客留下一个好印象。

话术模板 3 "好的，我完全理解您的想法，现在赚钱都不容易，钱要花在刀刃上。大姐，不如这样，我再给您介绍几款适合您的衣服，您也可以再试试，多看看，比较一下，这样您跟您的老公商量时也有更多的选择。"

※ 延长顾客的留店时间，可借机了解顾客的真实想法、喜好等。

😞 错误提醒

错误提醒 1 "您相信我，这款衣服真的非常适合您，您还商量什么呢？"

※ *语气太强势，容易让顾客产生排斥心理，因为在顾客看来，得到家人的肯定才是最重要的。*

错误提醒 2 "那也好，您商量好了再来吧。"

※ *等于下逐客令，顾客会因此而选择离开。*

错误提醒 3 服装销售人员看到顾客离开，却不做任何努力。

※ *太消极，没有尝试采取任何方法来改变顾客的主意。*

技 巧运用

技巧运用 1 基于上述对顾客心理的分析，遇到顾客说要回去与家人商量后再决定时，服装销售人员的应对方法如图 7-12 所示。

寻找原因	根据顾客的表现，服装销售人员及时探寻其提出异议或离开的真实原因，然后再针对具体情况采取应对措施
施加压力	适当给顾客压力，如告诉顾客"今天是促销的最后一天""只剩最后一件""赠品有限"等，注意语气要得当，否则容易让顾客产生厌烦心理
利益诱惑	将现在购买能够获得的好处告诉顾客，并将买与不买的利弊向顾客陈述清楚，让顾客自己权衡利弊，促进销售的达成
给足面子	顾客说回去与家人商量一下很正常，服装销售人员要给足顾客面子，否则即使顾客再喜欢这件衣服也不会回来买了
留下好印象	服装销售人员要给顾客留下好印象，同时还要在顾客离开前再次陈述服装的独特卖点，让顾客对服装留下深刻的印象，这样顾客再回来的可能性才会增加

图 7-12 应对顾客要与家人商量后再决定的方法

技巧运用2 在处理了顾客的异议之后，服装销售人员要根据实际情况及时采取相应的应对措施，如表7-2所示。

表7-2　服装销售人员处理顾客异议的应对措施

应对措施	使用说明	使用时机
直接成交法	服装销售人员直接以提问的方式主动向顾客提出成交请求，促使顾客购买	顾客对服装有明确的购买意向；老顾客购买服装；顾客对推荐的服装有好感，但还在犹豫或不愿主动提出成交的请求
异议成交法	利用处理顾客异议的机会，直接向顾客提出成交请求，促使顾客购买	如果服装销售人员发现顾客的异议正是其不愿意购买的原因，那么成功地排除这个异议就可以有效地促进成交
利弊分析法	是指服装销售人员利用自己熟悉服装、懂得行情的优势，帮助顾客权衡利弊，强调服装的独特卖点，打消顾客的顾虑，促使顾客购买	顾客总是在买与不买之间徘徊，这时服装销售人员就要把买与不买的利弊向顾客陈述清楚，让顾客自己权衡利弊，有效促进交易达成

情景082　改天我把男朋友带来，让他亲自试试再决定

情 景描述

某服装店内，一个女孩挑中了一款男士上衣，反复查看，并且征求了服装销售人员的意见，在得到肯定回答后，她还是犹豫地说："我也不知道他喜不喜欢，改天我把他带来，让他试试再说吧！"

行 为分析

女性顾客给男朋友或老公买东西，一是表达自己的爱，二是作为礼物送给对

方，给对方一个惊喜。可是"对方喜不喜欢""穿上合不合身"等问题又会使顾客犹豫不决，难以下定决心购买。服装销售人员要善于抓住顾客的这种心理，探寻顾客不能马上做决定的真正原因，然后根据情况引导顾客实施购买行动。

话术模板

话术模板1 服装销售人员："小姐，你真是一个有心的人，你的男朋友真有福气。不过刚才您不也说了吗，这件衣服的款式、颜色都挺适合你的男朋友的，可您现在又想让他过来试试再说。我想知道，现在是什么问题让您难以做出决定呢？"

顾客："我怕他不喜欢。"

服装销售人员："唉，这样啊，其实这已经不是一件衣服那么简单了，里面充满着您对他的爱，您的男朋友感动还来不及呢，您说是吧？您放心拿回去，如果您的男朋友穿着不满意或有不合适的地方，只要不影响销售，一周之内您都可以拿回来调换，您看这样行吗？"

※ 真诚地夸赞顾客，然后询问顾客犹豫不决的真正原因，进而根据顾客的回答进行应对。

话术模板2 "小姐，有您这么一位关心、体贴的女朋友，您的男朋友真是好福气啊。不过，您现在买了，给他一个惊喜，岂不更好？前几天就有一个女孩，她的男朋友升职了，她专门给她的男朋友买了一套西装，就是想通过这种方式制造一种惊喜和浪漫。"

※ 通过讲故事和描述购买后的美好情景，刺激顾客做出购买决定。

😞 错误提醒

错误提醒1 "行，那你就带你的男朋友过来试试再说！"

※ 自己将顾客"赶走"，给了顾客一个顺利离开的理由。

错误提醒2 "您现在买可以享受优惠，您不考虑吗？"

※ 没有抓住顾客的心理，会让顾客产生误解。

错误提醒3 "等什么呢？现在不买过两天可能就没货了！"

※ 没有提供有力的证据，会让顾客认为你在故意向他施加压力。

技巧运用1 顾客购买服装是为了让自己或家人变得更美丽。服装销售人员要把握好顾客的这一心理，引导顾客说出现在不能决定购买的原因，进而解决顾客的疑虑并适时促成交易。

技巧运用2 保证成交法

即服装销售人员直接向顾客提出成交保证，是使顾客立即实施购买行动的一种方法。成交保证是指服装销售人员对顾客做出允诺，保证担负交易后的某种行为，如退换保证等。

这种方法的使用时机为：服装的单价过高，顾客对服装的特性、质量没有把握，对成交犹豫不决时，类似上述案例中顾客的异议。服装销售人员应该向顾客做出保证，以增强顾客的购买信心。但要注意针对顾客所担心的主要问题直接提出有效的成交保证条件。根据事实、需要和可能，向顾客提供可以实现的成交保证，既要维护企业的信誉，又要不断地观察顾客有没有心理顾虑。

第4节 关于折扣这样说

情景083 我就先试试，等你们打折时我再买

情 景描述

某品牌服装专卖店，一位顾客对试穿的一件衣服爱不释手，服装销售人员看到顾客穿上这件衣服非常合身，就对顾客说："大姐，您觉得这件衣服怎么样？"顾客说："还可以。"服装销售人员说："是呀，就好像是专门为您设计的！那我给您开票了！"顾客看看价格标签，对服装销售人员说："我就是先试试，我经常逛街，等你们打折的时候我再买吧！"

行为分析

顾客说"等你们打折的时候我再买"可能有以下三种原因，具体如图7-13所示。

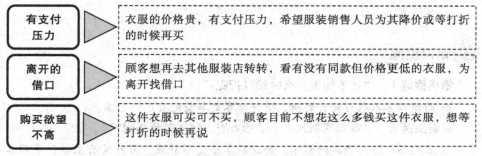

有支付压力	衣服的价格贵，有支付压力，希望服装销售人员为其降价或等打折的时候再买
离开的借口	顾客想再去其他服装店转转，看有没有同款但价格更低的衣服，为离开找借口
购买欲望不高	这件衣服可买可不买，顾客目前不想花这么多钱买这件衣服，想等打折的时候再说

图7-13　顾客等打折时候再购买的原因

话术模板

话术模板1　"大姐，一看您就是持家的好手，买衣服也很会选择时机。没关系，您可以留下电话号码，等我们打折的时候我马上通知您，到时候您就可以过来挑选了。"

（如果顾客留下电话，说明他确实喜欢这件衣服，只是觉得价格高。针对此种情况，服装销售人员可以说："不过我看您是真心喜欢这件衣服，穿着也合适，我还是建议您现在就买，打折促销的时候可能就没有合适的尺码了。"）

（如果顾客不肯留下电话，服装销售人员可以尽量挽留顾客："大姐，其实我们现在也有折扣，只是没有换季促销的时候折扣低，但是现在这件衣服的尺码齐全，我担心以后尺码不全，没有适合您的尺码，那多遗憾呀，您说呢？"）

※ 赞美顾客，然后用"留下电话以便联系"的方法探寻顾客是否真正喜欢这件衣服，进而建议顾客当日购买。

话术模板2　"您说得对，打折的时候买确实比现在便宜，可是您要是现在买可以穿一整季，不至于买完没穿几天就得压箱底儿了。而且现在购买，我们可以给您办贵宾卡，以后您拿卡来我们店买衣服，一律享受九折优惠……"

※ 向顾客说明现在不买可能出现的不利情况，促使顾客转变想法。

话术模板3　"嗯，打折的时候买确实物美价廉，只是也有不足之处，例如

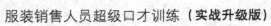

买了之后没穿几次就过季了，而且明年可能就不流行这种款式了；再例如，一般打折的服装会出现尺码不全的情况，如果到时候您来了，没有适合您的尺码岂不是太可惜了。而且我们现在也有优惠（告诉顾客具体的优惠措施，如打折、赠品、会员优惠等）……所以，我建议您还是今天就拿上，现在买也非常划算。"

※ 列举顾客当前不买可能出现的不利情况，同时用利益诱惑顾客现在做出购买决定。

😞 错误提醒

错误提醒1 "还不知道什么时候打折呢！"

※ 暗示顾客衣服可能会打折，使得顾客更加坚定自己的想法。

错误提醒2 "难得遇到这么合适的衣服，您还等什么呢？"

※ 有抱怨、质问顾客的意味，会让顾客感觉不舒服。另外没有主动引导顾客购买，不利于顾客立即做出购买决定。

错误提醒3 "我们现在也有优惠活动。"

※ 在顾客临走时才说有优惠，相当于亡羊补牢，顾客是不会领情的。

技 巧运用

技巧运用1 用当前不买可能产生的不利影响促使顾客马上做出购买决定，这是一种促进成交的策略。服装销售人员要善于利用"痛苦与快乐"引导顾客，推动成交进程。

技巧运用2 看到顾客对一件衣服爱不释手但又犹豫买不是不买时，服装销售人员还可以用惜失心理法增加顾客购买的决心，即利用人们"怕买不到"的心理来促成成交。因为越是得不到、买不到的东西，人们就越想得到、买到它。此法还可在服装有时间或款式限制以及库存数目不多时使用。

运用此法时，服装销售人员一定要诚实，不能欺骗顾客，否则一旦顾客发现被欺骗，不但这次销售会失败，恐怕以后也很难再来了。

情景084 如果一个月内你们打更低的折扣，我就找你们退货

情景描述

某品牌服装卖场，一位顾客经过仔细挑选和试穿，表现出购买意愿。与服装销售人员一番"唇枪舌战"后，终于商定价格，可是，顾客又对服装销售人员说："如果你们一个月内打更低的折扣，我就找你们退货或补差价。"

行为分析

顾客在购买之前提出此异议，可能有以下三个原因，如图7-14所示。

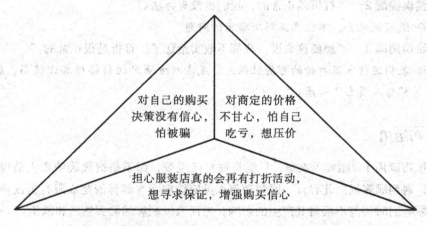

对自己的购买决策没有信心，怕被骗

对商定的价格不甘心，怕自己吃亏，想压价

担心服装店真的会再有打折活动，想寻求保证，增强购买信心

图7-14 顾客在购买前提出退货（补差价）异议的原因

话术模板

话术模板1 "我理解您的想法。确实，自己刚买的衣服就打折，就算是我也会心里不舒服的。不过，您也知道，一般打折的衣服要么是过季的旧款，即使买回去，穿起来不时尚，而且可能穿不了几次就要压箱底儿了，只能等明年再穿；要么是尺码不全，可能没有适合您的尺码，也挺郁闷的。这样想想，您现在买还是很划算的。这就跟买菜一样，新鲜的蔬菜总要贵一些，您说是吗？我把衣服给您包起来还是您就穿着回去呢？"

※ 告诉顾客衣服打折的原因及此时不买可能出现的不利情形，坚定顾客的购买信心。

话术模板 2 "大姐，请您放心，我们这个品牌没有特殊情况是不会打折的，很多老顾客就是看中这一点才经常光顾我们店的。我们历来对顾客负责，一般都是原价销售，只有在断码、换季等情况下才有可能打折，这也是服装行业难以避免的情况，所以请您放心穿吧，何况这件衣服就像给您量身定做的一样……"

※ 向顾客保证，让顾客放心购买。

😞 错误提醒

错误提醒 1 "打不打折是公司的事情，我可不敢给你保证！"

※ 推卸责任，是一种消极的处理方式。

错误提醒 2 "打折是正常的，我们也没有办法。"

※ 没有说服力，不能真正解决顾客的问题。

错误提醒 3 "您要这么说，我都不敢卖给您了，打折是很正常的。"

※ 表明这件衣服打折的可能性很大，或者双方商定的价格确实比较高，服装销售人员自己心虚。

技 巧运用

技巧运用 1 顾客买衣服，只能是被自己说服，而不是被服装销售人员说服。所以，遇到顾客提出此异议，服装销售人员应该向顾客解释清楚衣服打折的原因，告诉顾客当时买与不买对其产生的影响，进而激发顾客的购买热情和欲望。

技巧运用 2 在处理顾客的异议之后，服装销售人员可以采用"提示选择法"促成交易的达成，即服装销售人员直接向顾客提出若干个购买方案，并要求顾客选择其中一种。例如，"这件衣服您是准备穿着回去还是我给您包起来呢""您拿这款蓝色的还是灰色的呢"等。

运用此法时，服装销售人员不要向顾客提出太多的方案，最好是两项，最多不超过三项，否则很难尽快成交。另外注意用语，一定回避"要不要"的问题，而是给出购买选择方案。

情景085　不打折，那把模特身上戴的饰品送给我吧

情 景描述

某服装店内，一位顾客选中一件衣服后，提出打折要求，服装销售人员成功地解决了顾客的价格异议后，顾客决定购买。在服装销售人员填写销售小票时，顾客突然说："不给我打折，那把模特佩戴的饰品送给我吧！"

行 为分析

人们一般都希望花最少的钱得到最多的利益，因此顾客在购买时索要赠品也是正常现象。

话 术模板

话术模板1　"大姐，您就别为难我了。这件饰品是公司统一订购用来装饰我们的卖场的，不能送给您我也确实感到很抱歉；您放心，给您的价格确实是最优惠的了，最重要的是，这件衣服就像给您专门定制的一样，穿在您身上非常好看，它的款式、颜色和您的身材、气质、肤色很搭配。买一件自己喜欢又合适的衣服也是一件很难得的事，您说呢？"

※ 向顾客解释清楚饰品不能赠送的原因，强调衣服能够给顾客带来的好处，强化顾客的购买信心。

话术模板2　"小姐，您的心情我理解，我也非常喜欢这件饰品，而且很多顾客也都很喜欢它；但是它是我们公司统一订购用来装饰卖场的，希望您能理解。当然您的意见我会及时反馈给公司领导，如果公司领导真的决定将此作为促销品或赠品给顾客，我会第一时间通知您，谁让您是我们的老顾客呢。也非常感谢您一直以来对我们生意的照顾。这件衣服您穿着非常合身，我给您包起来吧，您到那边收银台付款……（指引收银台位置）"

※ 坦诚地向顾客说明饰品不能赠送的原因，争取得到顾客的理解。

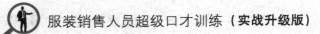

😞 错误提醒

错误提醒 1 "那是非卖品，不能送给您。"

※ 语气强硬，会让顾客产生不满情绪。

错误提醒 2 "这可不行，我可没有这个权力！"

※ 推卸责任，不能解决顾客的问题，反而让顾客心里不高兴。

错误提醒 3 "如果给了您，我就得自己赔。"

※ 这种搪塞的话，顾客不会相信。

技 巧运用

以诚相待，求得理解

遇到这种情况，服装销售人员要想办法让顾客感觉有面子。同时，以坦诚的态度向顾客解释不能满足顾客的要求的原因。大多数顾客是会理解的，销售也会顺利达成。

Chapter 8

第 8 章

售后服务这样做

服装销售人员只有通过良好的服务使顾客满意，才有可能成功实现销售。尤其在顾客决定买下某件服装后，这时服装销售人员的服务水平更能给顾客留下深刻的印象。好的服务对于提高顾客忠诚度和满意度，促进顾客再次购买，有非常重要的作用。所以，服装销售人员一定要以最优质的服务对待每一位顾客。那么，要做好服务工作，服装销售人员应具备哪些能力呢？如图8-1所示。

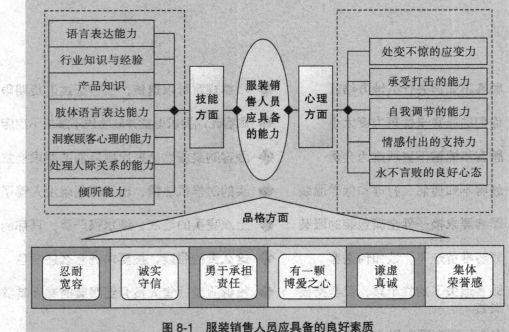

图8-1　服装销售人员应具备的良好素质

第 1 节 销售辅助这样做

情景 086 顾客不知道去什么地方结账

情 景描述

顾客："好吧，我就买这件衣服了。"

服装销售人员："嗯，我也觉得这款最适合您，您穿上这件衣服显得非常有气质。"

顾客："呵呵，谢谢你！我去哪里结账呢?"

行 为分析

顾客终于决定买下某件服装，这时服装销售人员应赶快指引顾客去指定地点结账，但是现在还不能说大功告成，顾客可能会因为以下三个方面的原因而反悔，具体内容如图 8-2 所示。

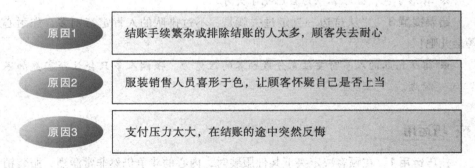

原因1　结账手续繁杂或排除结账的人太多，顾客失去耐心

原因2　服装销售人员喜形于色，让顾客怀疑自己是否上当

原因3　支付压力太大，在结账的途中突然反悔

图 8-2　顾客反悔的原因

其实，在顾客决定购买到结完款的这段时间内，顾客的内心斗争仍然很激烈，尤其是太大的支付压力很有可能让顾客突然又放弃购买，所以服装销售人员要帮

助顾客尽快完成结账手续。

话术模板

话术模板1 "小姐，从这条过道往前走，在第一个交叉口右拐，然后一直往前走，就可以看见收银台了。"

※ 向顾客指路时的表述必须清晰明确。

话术模板2 "我们的收银台在一层。我带您过去吧！"

※ 如果服装销售人员有时间，可以直接带顾客去结账。

话术模板3 "从这边往前走，走大概20米就能看到了，因为商场最近的促销力度较大，所以排队结账的人比较多，麻烦您耐心等一会儿，非常不好意思！我们这里有一本时尚杂志，您可以在排队时看看。"

※ 遇到结账排队较长的情况，服装销售人员可以这样对顾客说，避免顾客因为等待时间太长而放弃购买。

错误提醒

错误提醒1 "从这边过去，往左拐，然后再右拐，一直往前走就看见了。"

※ 表述不够清楚，容易让顾客迷路。

错误提醒2 "哇！太好了，您终于决定要买了，那您赶紧去结账吧，从这边一直往前走就到收银台了。"

※ 喜形于色，让顾客以为自己吃了大亏。

错误提醒3 "从这边一直走过去就是，不过排队的人肯定特别多，您耐心等会儿吧！"

※ 排队结账的人多时要注意分散顾客的注意力，强调人多只会让顾客更加不耐烦。

技巧运用

技巧运用1 在顾客决定买下某件服装时，内心的斗争仍然非常激烈，服装销售人员一定要帮助顾客尽快付款，以防错失成交时机。在规定许可的情况下，如果服装销售人员有空闲的话应主动带顾客去收银台结账，一方面保证顾客及时结账，另一方面以免顾客在途中被其他品牌的衣服吸引而放弃购买决定。在向顾客指路时一定要表述清楚。

技巧运用2　在顾客决定购买后，服装销售人员一定不要喜形于色，避免顾客误会，以为自己吃亏了。

技巧运用3　如果遇到结账队伍太长的情况，服装销售人员可以向顾客解释原因，从而增加顾客购买的信心，并设法分散顾客的注意力，避免顾客因为等待时间太长而放弃购买。

情景087　你们的贵宾卡优惠力度太小

情 景描述

某服装店内，顾客终于决定买下某件服装，服装销售人员带顾客去收银台结账，顾客一边走一边说："你们的贵宾卡优惠力度太小了，××店最低打七折呢！"

行 为分析

会员卡、贵宾卡等各种身份识别卡是服装店经常采用的一种促销工具。服装店利用这类卡可以吸引新顾客和留住老顾客，起到增强顾客忠诚度的作用，还能实现打折、积分、客户管理等功能。顾客在使用这类卡购物的过程中，尤其是即将结账时，经常会对卡的优惠力度提出抱怨。

其实，出现这种现象非常正常，因为顾客永远觉得商家的利润很大。顾客此时的抱怨只是一种习惯性的表现，并非他们真正在意的地方。一般来说，顾客能够使用贵宾卡，说明他们对服装店的优惠力度没有很大的意见。服装店给顾客的优惠表现在很多方面，如服装本身的定价，店内的打折、买赠等优惠措施。

话 术模板

话术模板1　"小姐，十分感谢您的宝贵意见，我一定将您的意见反映给我们的领导。像您这样的老顾客，我们一定会特别对待，即使不能反映在具体的折扣上，也可以多增加一些服务项目，像积分、赠品等，希望您继续关注我们店的服装，谢谢您的意见。"

※ 表示会重视顾客的意见，并说明顾客对于公司的重要性，化解顾客的抱怨。

话术模板2 "先生，您说得很对，我们的贵宾卡的折扣确实没他们的力度大，但这是有原因的：首先，我们店的服装的定价比较低，本身利润就少；其次，我们的贵宾卡送的积分要比他们多，您可以用这些积分参加抽奖活动，得到的奖品肯定比折扣的价钱高，您说对吗？"

※ 当服装销售人员对顾客所说的另外一家店确实比较了解时，可以采用这个方法。先肯定顾客的观点，然后再委婉说出实情，说服顾客。

😞 错误提醒

错误提醒1 "我们的优惠力度可不小了！不仅打九折，还给了您双倍积分呢！"

※ 直接反驳顾客易破坏良好的沟通气氛，有可能让双方陷入争吵。

错误提醒2 "我们的优惠力度还小啊？"

※ 质问顾客，有指责顾客贪婪的意味。

错误提醒3 "不可能吧？我们的优惠力度没有他们的大？"

※ 意指顾客在撒谎。

错误提醒4 "您不要只跟他们比，有很多店的优惠力度还不如我们呢！"

※ 等于承认了自己的优惠力度小。

错误提醒5 "不可能，那家店我知道，他们的折扣还没我们的低呢。"

※ 驳斥顾客，即使顾客所说的不是事实也不要说出来，否则容易让顾客很难堪。

技 巧运用

技巧运用1 老顾客经常会提出服装店的优惠力度不够的意见，甚至拿别的店进行比较。其实顾客的这种抱怨只是他们的一种习惯性表现，并非他们真正在意这些。因此，服装销售人员大可不必认真，只需表示会将顾客的意见反映给公司的领导，并夸赞顾客对服装店的重要性，让顾客觉得自己得到了足够的尊重即可。

技巧运用2 顾客经常说的优惠力度不够一般指折扣不够低，如果服装销售人员对顾客用来作比较的那家服装店比较了解，也可以反驳顾客的话，或者用其他方面的服务证明自己的优惠力度其实并不低，但语气一定要委婉，不要让顾客感到尴尬，而且要对那家服装店确实了解，确保自己所说都是实情。不过，一般情况下尽量不用这种方法，因为顾客用来作对比的依据经常都是道听途说的，如果驳倒了顾客会让他们觉得很尴尬。

情景088　顾客不愿留下资料成为会员

情 景描述

顾客结完账后，服装销售人员拿出了一个登记簿，礼貌地说："先生，麻烦您在这里登记一下，就可以成为我们的会员，以后再来买衣服可以享受很多优惠。"顾客听完后说："不用了！"然后拎着衣服转身就要走。

行 为分析

大多数服装店都有办理会员卡享受优惠的措施，但是顾客却拒绝留下资料成为会员。出现这种现象的原因可能有三个，如图8-3所示。

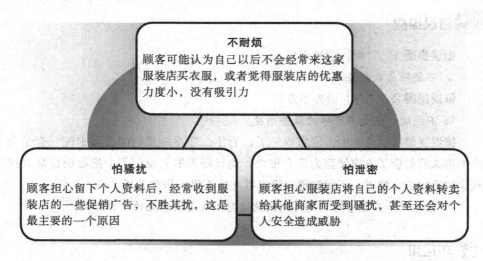

图8-3　顾客拒绝成为会员的原因

所以，服装销售人员在遇到顾客拒绝登记资料成为会员时，要试图从上述三个方面化解顾客的担忧。

话术模板

话术模板1 "小姐，请您留步！我觉得您真不应该错过这个机会，我们的会员卡确实非常划算，我给您简单介绍一下，就一分钟时间，好吗？（得到顾客允许后）我们的服装店是全国连锁的，您办理了我们的会员卡在任何一家分店都能享受到同等的优惠，有时甚至可以享受到低至五折的折扣，还能用积分参与抽奖活动。我们会将每一期的促销信息发送到您的手机上，如果有中意的服装，您再到店里选购。当然，这个服务您也可以不选择，有的顾客就不喜欢被太多的短信打扰。另外，您可以放心，我们对每位顾客的资料都严格保密，我们非常注重保护顾客的私人信息。"

※ 先请求顾客留步，诚恳请求只用一分钟时间向顾客做有关会员卡的介绍。得到顾客的允许后，服装销售人员可以详细介绍会员卡能够给顾客带来的好处，并保证顾客个人资料的安全性。

话术模板2 "先生，请您留步！我们的会员卡只有在购物满1 000元的情况下才能够办理，您放弃这个机会岂不是很可惜？"

※ 询问顾客放弃办会员卡的具体原因，然后再根据具体情况应对。

错误提醒

错误提醒1 "哦，请慢走！"

※ 不要轻易放走任何一位顾客。

错误提醒2 "哼！爱办不办！"

※ 不礼貌，这是不可取的服务态度。

错误提醒3 "先生，请您等一下，为什么您不办我们的会员卡呢？有了会员卡再来我们店买衣服优惠力度会很大，而且每天早上我们都会把促销信息发送到您的手机上，您看一下就知道有没有喜欢的衣服，非常方便。"

※ 也许顾客最反感的就是收到促销信息，这是最常见的一种错误。

技巧运用

技巧运用1 服装销售人员要求顾客留下个人资料办理会员卡时，经常会被顾客拒绝。此时，服装销售人员一定要站在顾客的角度思考，理解顾客的行为，同时询问顾客不留下个人资料的具体原因，然后想办法解决顾客的疑虑，但需要服装销售人员掌握好沟通技巧和氛围。

　　技巧运用2　顾客拒绝办理会员卡并准备离开时，服装销售人员可以用时间限定法留下顾客，即诚恳请求顾客给予时间听自己介绍，时间越短越好。

　　技巧运用3　服装销售人员在向顾客介绍会员卡的优点时，经常强调会向顾客的手机发送促销短信，却不知道很多顾客都非常反感被此类短信骚扰。所以最好让顾客自己选择是否接受此项服务，服装销售人员要避免犯这样的错误。

情景089　顾客不知道怎么打理和保养服装

情 景描述

　　某服装店内，一位顾客买下一件皮衣，结完账后，顾客问服装销售人员："这件衣服该怎么保养，我需要注意些什么？"

行 为分析

　　顾客决定买下某款服装后，接着需要了解一些关于服装的售后服务的问题，如如何洗涤、打理、保养等问题。当然，顾客也许会在购买前向服装销售人员提出这些问题，尤其是在购买一些面料比较特殊的服装时，这些问题在很大程度上决定了顾客的购买决策。

　　通常情况下，顾客会在结账后关心上述这些问题。此时顾客的心里可能会有很多疑问，如图8-4所示。

- 穿着时需要注意什么问题
- 洗涤时要注意什么？水洗还是干洗
- 该如何保养？会不会变形、起球、褪色
- 衣服出了问题怎么办？能退换货吗？找谁处理
- ……

图8-4　顾客结款后的疑问

话术模板

话术模板 1 "先生，这件衣服是纯毛面料的，您一定要记得不能用洗衣机水洗，这样的话衣服很容易变形，您拿到干洗店去洗就可以了。还有尽量不要和摩擦系数太高的衣服一起穿，因为可能会导致衣服起球。另外，您回家后再仔细检查一下服装，如果有质量问题请尽快与我们联系，我们按照'三包'规定可以在自购买之日起 7 日内为您退货，15 日内为您换货。包装袋内有产品说明书，请您回家后仔细阅读，有问题随时与我们联系，好吗？"

※ 服装销售人员要将售后需要重点注意的一些事项告诉顾客。

话术模板 2 "小姐，回去以后如果发现有质量问题请尽快与我们联系，我们按照'三包'规定在自购买之日起 7 日内可以为您退货，15 日内可以为您换货，关于服装的穿着、洗涤、打理、保养等方面，您还有什么疑问吗？"

※ 简单介绍"三包"规定，然后主动询问顾客有没有其他需要了解的问题。

错误提醒

错误提醒 1 "说明书上有注意事项，您回家以后自己看吧！"

※ 顾客提出问题时应直接回答，不要用说明书搪塞顾客。

错误提醒 2 "没什么需要注意的，这种衣服很容易打理。"

※ 对于比较容易打理的衣服，也要告诉顾客基本的售后服务事项。

错误提醒 3 "拿好了，请慢走！"

※ 语言太平淡。

技巧运用

技巧运用 1 顾客结账后，服装销售人员一定要将关于售后需要注意的事项讲清楚，将其中比较重要的部分主动告诉顾客，体现出对顾客负责的态度，提升顾客的满意度。

技巧运用 2 在顾客结账后，服装销售人员也可以询问顾客是否有其他需要了解的问题。

情景 090 顾客要求换一件全新包装的服装

情 景描述

服装销售人员："非常感谢！我现在就把服装给您包装起来，请稍等。"

顾客："你给我换一件全新包装的吧。"

服装销售人员：这件就是刚才您看着我打开的，请问您还有什么不放心的吗？

顾客："那也不行，你给我换一件新的吧。"

行 为分析

有些顾客在购买服装时，明明是刚打开的新包装，但却要求服装销售人员再拿一件全新的服装。

其实这并不是因为顾客挑剔，在购物时几乎每个人都存在这样的心理，服装的包装一旦打开，我们就会认为它不是新的了。

话 术模板

话术模板 1 "好的，小姐，我马上给您拿一件全新的，您稍等。"

※ 这是一种很正常的现象，服装销售人员不要认为顾客挑剔，而应满足其要求。

话术模板 2 "对不起，先生，我们这批货卖得太快了，您要的这个尺码刚好是最后一件，您要是来晚点还真买不到了。不过这件衣服就是刚刚打开的，其他顾客没有试穿过，是全新的！来，我给您包上。"

※ 当新包装的服装没货时，服装销售人员应将"最后一件"作为卖点来介绍。

😞 错误提醒

错误提醒 1 "不要那么挑剔嘛，这件你试过，你就拿着好了。"

※ 指责顾客，容易引起双方争吵。

错误提醒 2 "这件就是全新的，为什么还要换呢?"

※ 坚持和顾客争论只能让事情陷入更糟糕的境地。

错误提醒 3 "对不起，只剩这一件了，你不要的话我也没办法了。"

※ 会让顾客感到失望。

错误提醒 4 "这是最后一件了，要不您再看看其他款式的服装吧?"

※ 顾客并没有说不买，等于自己放弃了交易。

技 巧运用

技巧运用 1 顾客都有这样一种心理，他们总是觉得即使是刚打开包装的服装，那也不是新的了，都希望买一件全新包装的服装回家。服装销售人员要理解顾客的这种心理，所以当顾客提出这种要求时，应积极帮顾客换全新包装的服装。

技巧运用 2 有时候顾客提出了这样的要求，但确实没有全新包装的服装了，服装销售人员就应该将"最后一件"作为卖点，重点强调自己的服装是如何畅销，从而吸引顾客，弥补其内心的失望。

情景 091 顾客准备走了，该如何送客

情 景描述

某服装店内，顾客拎起包装好的衣服，准备离开……

行 为分析

有时候，送客比迎客更重要，因为在顾客的心目中，是他给你带来了利润，必然会在进店时受到服装销售人员的热情接待。而在顾客准备离开时，他们会认为此时服装销售人员的表现才是最真实的，这时服装销售人员的热情友好能迅速增加顾客对服装店及服装销售人员的好感。

话 术模板

话术模板 1 "先生，谢谢您光顾××服装店，欢迎下次再来，请慢走!"

※ 强调服装的品牌，加深顾客的印象。

话术模板2 "小姐，这是您落在收银台的手套，请拿好了，请慢走，感谢光顾××服装店。"

※ 注意顾客是否遗漏了个人物品，如果有，应及时交还给顾客。

话术模板3 "小姐，这是我们店最新的促销海报，上面有促销服装的图片，您带回去如果有家人看中了哪款服装，可以带他来我们店，我们会给您最优惠的价格，请慢走！感谢光顾××服装店！"

※ 把服装店的促销海报赠给顾客以做宣传。

☹ 错误提醒

错误提醒1 顾客离开，服装销售人员不予理睬。

※ 无论顾客有没有买衣服，服装销售人员都要热情送客。

错误提醒2 "谢谢惠顾，再见！"

※ 送客的语言表达太普通，不能有效促进下次销售。

错误提醒3 "您购买我们店的服装是我们的荣幸，谢谢惠顾，再见！"

※ 不要在顾客面前表现得过分谦卑，这样容易让顾客产生怀疑，认为购买的
　服装很不值。

技 巧运用

技巧运用1 服装销售人员在送客时要注意以下三点，如图8-5所示。

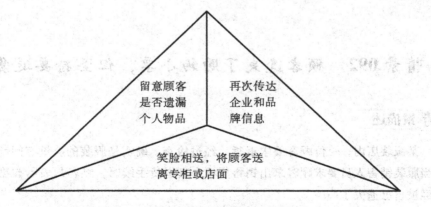

图8-5 服装销售人员送客的注意事项

除了以上三点需要注意外，服装销售人员还可以把促销海报送给顾客，为服装店做宣传。

技巧运用2 服装销售人员在为顾客服务的过程中，其服务态度要做到"七个一致"，具体如图8-6所示。

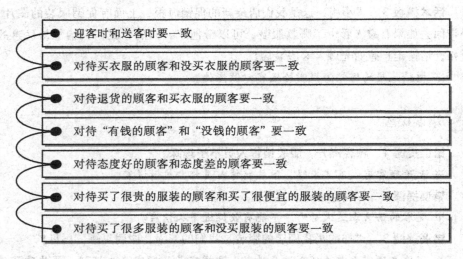

图8-6 服装销售人员服务态度的"七个一致"

第2节 退换货这样做

情景092 顾客遗失了购物小票，但坚持要退货

情 景描述

某服装店内，一位顾客要求退货，经过检查，确实是服装的质量有问题，但是当服装销售人员要求顾客拿出销售凭证办理退货手续时，顾客却表示购物小票已经被自己遗失了……

行 为分析

　　服装店在办理顾客退货手续时一般都要求顾客出示购买的凭证，这有两个作用：一是证明服装的确是在本服装店所买；二是购物小票上会显示购买的日期，证明该服装是否还在退货期内。

　　对于顾客来说，购物小票也有两个作用：一是报销的凭证；二是售后服务（退换货、维修等）的凭证。但是顾客购买服装一般都是为了自己或亲友穿，报销的机会较少，需要退换货的可能性也非常小，所以顾客不会特别重视购物小票，也就很容易遗失购物小票。

　　事实上，很少有顾客会来服装店无理取闹。当顾客遗失了购物小票，而服装确实存在质量问题时，服装销售人员不应故意刁难顾客，而是应具体问题具体分析，如果能够确定衣服确实是本店所售，还是应尽量满足顾客的要求。

话 术模板

　　话术模板 1　"实在抱歉，李小姐，我们服装店规定没有购物凭证是不能退货的，不过您也是我们店的老顾客了，我相信您这件衣服肯定是在我们这里买的。这样吧，我去请示一下我们的领导，看能不能破例帮您换一件，您稍等。"

　　※　虽然不符合规定，但应积极帮助顾客解决问题，即使最后的结果不尽如人意，顾客也能够理解。

　　话术模板 2　"对不起，小姐，没有购物凭证是不能退货的，这样吧，您找找，看那天卖给您衣服的服装销售人员在不在，只要她能证明您的这件衣服确实是在我们这里买的，我就给您退，好吗？"

　　※　一般在服装销售过程中都由服装销售人员和顾客面对面沟通，所以服装销售人员是顾客最好的证人。

😞 错误提醒

　　错误提醒 1　"对不起，我们服装店规定没有购物小票是不能退货的。"
　　※　态度生硬，会让顾客觉得商家唯利是图。
　　错误提醒 2　"没有购物小票无法证明这件衣服是从我们店买的，而且也不知道您购买的具体时间，退货期限说不定都过了，所以我们无法给您退货。"
　　※　没有站在顾客的角度考虑问题，为不想退货找借口，更像是推卸责任。

技 巧运用

技巧运用1 很少有顾客去服装店无理取闹，而且顾客遗失购物小票也是正常现象，所以服装销售人员不要小题大做，太认真反而像是在故意刁难顾客。这时服装销售人员应站在顾客的立场上，主动寻求能够证明事情真相的材料，积极帮助顾客解决问题。当然，如果能够将退货转化成换货就更好了。

技巧运用2 一般来说，此时因为遗失了购物小票而最担心的还是顾客本人。如果服装销售人员能对顾客的遭遇表示同情，并积极寻求解决办法帮顾客处理问题，顾客会非常感激，这是给顾客留下好印象的好机会，服装销售人员应好好把握。

技巧运用3 为避免这种事情发生，顾客在购买服装时，服装销售人员应清楚地告诉顾客退换货的时间期限以及退换货时应携带的凭证，提醒顾客不要随意扔掉购物小票或发票。事前说明总比亡羊补牢要好。

情景093 在退货期内顾客因非质量问题要求退货

情 景描述

有时候，顾客在退货期内来服装店要求退货，但退货理由并非因为服装质量有问题，而是"款式不好看""面料穿着不舒服""尺码不合适"等问题。

行 为分析

在购买服装时，顾客往往是被服装的某些优点吸引，再加上服装销售人员的极力推荐，顾客很容易出现冲动消费行为，但事后可能会反悔，具体原因如图8-7所示。

觉得服装不适合

顾客购买服装后会重新评估，再加上亲朋好友的意见，可能会认为这款服装并不适合自己

发现服装有瑕疵

顾客在购买完服装后发现了一些瑕疵，尽管不属于质量问题，但顾客也很失望，想退货

有压力支付

顾客购买服装后，支付压力仍然存在，可能会因此要求退货

图 8-7　顾客要求退货的原因

话术模板

　　服装销售人员："您别着急，我会尽力帮您解决这个问题。请您告诉我具体出现了什么问题，让您有了退货的想法，好吗？"（询问顾客具体原因，具体问题具体分析）

　　话术模板 1　"哦，这样啊，不好意思让您大老远的跑来，都怪我当时没跟您说清楚。这款毛衣是纯羊毛的，穿的时候最好里面加一件秋衣，单穿肯定会觉得不舒服。其实大家花高价买这种纯羊毛制的毛衣，就是因为它保暖性、透气性都特别好，而且穿着也好看，这件衣服确实超值，您觉得呢？"

　　※ 如果是因为顾客有关服装的知识不足，应向顾客解释清楚，并再次强调服装的优点，重新树立顾客对服装的信心。

　　话术模板 2　"哦，都怪我当时没有说清楚，真是不好意思。这样吧，我帮您向我们店长申请一下，看能否特殊处理，给您换一件服装，毕竟您是我们的老顾客了。"

　　"大姐，我们店长考虑到您是我们店的老顾客了，为您破一回例。那边的几款

外套都是今年的新款，价格也不贵，我带您过去换件合适的吧，好吗？"

　　※ 如果服装确实让顾客感到不满或支付压力太大，就应马上帮顾客解决问题，尽量用换货代替退货。

　　话术模板3　　"对不起，这种问题我们还从没有遇到过，所以非常抱歉我不能给您退换货。其实我也希望能让您满意，只是这种情况的确让我很为难，我只能帮您请示一下领导，看有没有别的方法，好吗？"

　　"先生，刚才我将您的情况向经理做了详细汇报，像这种情况我们以前确实没有遇到过，公司也很为难，还请您多多包涵。不过我觉得这件衣服……"（阐述衣服的优点及能给顾客带来的好处，打消顾客退货的想法。）

　　※ 情况特殊但确实不能退货的情况下，用真诚的态度尽力为顾客解决问题，并再次阐述服装能给顾客带来的好处，让顾客打消退换货的想法。

☹ 错误提醒

　　错误提醒1　　"您所指出的是非质量问题，不符合退换货的规定。"

　　※ 要站在顾客的立场上，设法解决他们提出的问题。

　　错误提醒2　　"当时是您自己选的，我们不能给您退货。"

　　※ 在顾客需要帮助的情况下，应站在顾客的立场上寻求解决方案。

　　错误提醒3　　"你买的时候不是很喜欢吗，怎么能出尔反尔呢？"

　　※ 不礼貌，不能指责顾客。

技 巧运用

　　技巧运用1　　服装销售工作的目标就是让顾客满意、促成销售，但良好的口碑是取得好业绩的重要影响因素。所以服装销售人员要注意，不论在什么时候，都不能和顾客发生冲突。即使顾客因为非质量问题要求退换货，服装销售人员也要先站在顾客的立场上认真考虑其所遇到的问题，哪怕服装店或个人承担一些损失，也应尽量采用顾客比较满意的处理方法。

　　技巧运用2　　在退货期内服装销售人员遇到顾客因非质量问题要求退货时，处理思路如图8-8所示。

1	询问顾客退货的具体原因，了解顾客的真实想法
2	如果有误会，应向顾客解释清楚
3	介绍服装的优点，重新树立顾客对服装的信心
4	在不影响二次销售的情况下，应尽量为顾客换货
5	如果顾客坚持退货，服装销售人员应酌情处理
6	有些商场的管理十分严格，这类情况不予退货，服装销售人员要积极寻求其他解决方法

图 8-8　服装销售人员处理顾客因非质量问题要求退货的思路

情景 094　根据规定可以退货，但已超过退货期限

情景描述

顾客因为服装质量问题或根据商家的承诺要求退货，但却超过了规定的退货期限。

行为分析

很少有顾客是来服装店无理取闹的。一般情况下，在超过退货期限来退货的顾客可能有以下几种心态，具体如图 8-9 所示。

刚过退货期没几天，来碰碰运气，抱有侥幸心理

服装是在退货期内出现问题的，但因客观原因顾客无法及时来退货

根本不知道退货期是多长时间

忘记购买的时间，不确定是否过退货期

明知道过退货期，但不服气，来讨个说法

图8-9　超过退货期限退货的顾客的心态

无论是上述哪种心态，很多顾客都会认为只要衣服出了问题，商家就应该负责任，因此，服装销售人员要巧妙处理此类问题。

话术模板

话术模板1　"小姐，这款服装确实已经超过了我们规定的退货期，但考虑到您出差刚回来，确实是客观原因所致，我们就破例给您换一款吧。我们最近还有一批新到的货，肯定有适合您的，一起去看看，好吗？"

※ 顾客错过退货期可能是因为一些客观原因，服装销售人员要通情达理，帮顾客解决问题。如果顾客能接受换货更好。

话术模板2　"小姐，这款服装确实已经超过了我们规定的退货期，不过我也有责任，当时没有跟您说清楚，所以就破例帮您换一件。"

※ 用负责任的态度，以换货作为解决方案赢得顾客的好感。

话术模板3　"小姐，这款服装已经超过了我们规定的退货期了，现在给您退货确实比较困难，可是新买的衣服出现了问题，换了谁心里都会不好受，谁都不愿意遇到这样的问题。这样吧，我请示一下店长，看能不能破例给您换一件。"

※ 服装销售人员权限不够时，应积极请示上级，寻求解决问题的办法。

话术模板4　"小姐，这款服装已经超过了我们规定的退货期，而且现在退回来也无法再销售了，所以给您退货确实比较困难，但考虑到这件衣服现在已经

不能再穿了，所以我们愿意承担一部分损失，按购买价格的50%给您退款，您看可以吗？"

※ 退换货造成损失较大时可以和顾客协商解决，服装店和顾客各承担一部分费用，让顾客的心理得到安慰。

☹ **错误提醒**

错误提醒1 "已经过了退货期了，我帮不了你。"

※ 没有站在顾客的立场上，没有帮助顾客解决问题。

错误提醒2 "过退货期了，我就不能帮你退换货。"

※ 不实在，以自己权限不够推卸责任。

错误提醒3 "为什么你不早点来退货呢？现在已经晚了，只能怪你自己。"

※ 有指责顾客的意味。

错误提醒4 "现在退不了了，这是公司的规定。"

※ 说服力不强，不要拿"规定"搪塞顾客。

技 巧运用

技巧运用 顾客要求退货的服装确实符合退货规定但已经超过了退货期限，这时，服装销售人员应按如下的思路应对。具体如图8-10所示。

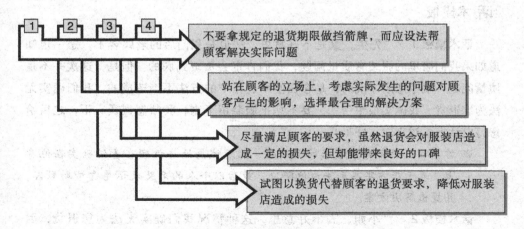

图8-10 服装销售人员应对顾客超过退货期限退货的思路

情景095　顾客无端要求退货并威胁说不解决不离店

情 景描述

　　某服装店，一位顾客因为在该店购买的一款外套洗后变形而要求退货，但经过检查是顾客的洗涤方法不当导致的，所以服装销售人员不接受顾客的退货要求。但顾客却表示如果不退货就坚决不离开。

行 为分析

　　很多顾客因为不了解有关服装的知识或服装退换货的规定，当服装出现问题时他们又不愿意相信服装销售人员的解释，所以坚持要求服装销售人员必须满足自己的要求。而有个别顾客的做事方法比较极端，甚至采用"不解决不离店"等方法威胁服装销售人员。

　　尽管顾客的这种做法很无礼，但服装店的口碑很重要，服装销售人员应尽量安抚顾客，妥善处理。

话 术模板

　　话术模板1　"先生，真是不好意思，您也是我们店的老顾客了，您一定知道如果我们店里的服装有质量问题，我们肯定会负责到底的。但是，这次并不是质量问题，就像您刚才说的，是您在使用过程中的方法不当造成的，我们确实无法为您退货。我确实很想帮您，要不您把服装留下来，我帮您熨烫一下，之后给您打电话您再过来取，好吗？"

　　※ 首先确认顾客对服装店的重要性，然后诚恳地告诉顾客责任确实在他身
　　　上，表示店方实在无法为他解决，最后以个人的名义表示愿意帮助顾客，
　　　并提出解决方案。

　　话术模板2　"小姐，真不好意思，这种情况我们确实无法为您退货，因为……但考虑到您是我们的老顾客了，这次情况也比较特殊，所以我们就破例为您换一件。您还是要这一款吗？"

※ 虽然服装店承担了一些损失，但避免了因矛盾升级影响服装店的形象和口碑。

话术模板3 "先生，非常抱歉，这种情况我们确实很难处理，我非常理解您的心情。您先别着急，等我请示一下我们的领导，看有没有别的处理方法。"

※ 当服装销售人员没有处理问题的权限时，应积极请示上级，寻求解决的办法。

😠 错误提醒

错误提醒1 "我们确实无法为您退货，对不起！"

※ 态度冷漠，无法为顾客解决问题。

错误提醒2 "不想离开你就待着吧！"

※ 不尊重顾客，容易让双方矛盾升级。

错误提醒3 "你再这样闹我叫保安了！"

※ 导致矛盾升级，事态扩大。

错误提醒4 "这确实不是我们的责任，你赖着也没用。"

※ 不礼貌，会让顾客更加生气。

错误提醒5 "买的时候都没有问题，你怎么这么不讲理？"

※ 意指顾客没有修养、蛮横无礼，此时指责顾客会让双方陷入争吵之中，对解决问题有害无益。

技 巧运用

技巧运用1 顾客无端要求退货，并且采用一些像"不解决不离店"的极端方法来威胁服装销售人员时，服装销售人员一定要保持镇定，避免矛盾升级和事态扩大。

技巧运用2 服装销售人员应诚恳地告诉顾客店方的难处，或者以个人的名义表示愿意帮顾客解决问题，如果仍然无法说服顾客，则宁可服装店承担一些损失为顾客换货，也不要采取过激的行为，以免因小失大。

技巧运用3 如果服装销售人员没有权限处理时，要主动请示上级，积极寻求解决办法。

情景096　顾客购买服装后多次挑毛病并要求换货

情 景描述

某服装店内，一位顾客又来换货了，他说："你看，这个线头太长，这里针脚不齐，你给我换一件吧！"（这已经是顾客第三次来换服装了，前两次也是因为一些小问题）

行 为分析

有些顾客过分追求完美，他们希望自己购买的服装没有任何瑕疵，所以买一件衣服后就三番五次要求换货，而换货的理由一般是因为发现了一些小瑕疵。

一般来说，如果故意给服装挑毛病的话，一定能够找出一些瑕疵，服装店为了维护自己的口碑，一般都会满足顾客的要求。但这样三番五次的换货，不仅给服装店造成一定的损失、增加服装销售人员的工作量，还对服装店的形象不利，会让有些顾客误以为这家店里的服装质量很差。

话 术模板

话术模板1　"非常抱歉，大热天的让您都跑了三趟了，我都有些不好意思了！这次我一定帮您仔细挑选，确认没有问题了您再拿走，好吗？"

※ 提醒顾客"您已经换了好多次了"，然后告诉顾客这次一定要仔细挑选，
　　暗示顾客"如果回去再发现问题就不再为您换了"。

话术模板2　"真是对不起，可能之前我忘记提醒您检查的时候仔细一点，这是我工作的失误。您放心，这次肯定给您换，不过我们先一起检查一下，确保这件衣服没有问题了您再拿走，不然这大热天的让您跑来跑去，我可真是不好意思了。"

※ 站在顾客的立场上说话，与顾客一起检查衣服，确保没有问题了再让顾客
　　拿走，让顾客以后再也没有借口换货。

😞 错误提醒

错误提醒 1 "其他的服装也有这些问题,你别换了。"

※ 没有站在顾客的立场上,有可能让矛盾升级。

错误提醒 2 "这都第三次了,你别换来换去的了,行吗?"

※ 不耐烦,这是不可取的服务态度。

错误提醒 3 "这次可检查好了,下次就不给你换了。"

※ 态度太强势,容易引起双方矛盾。

技 巧运用

技巧运用 1 一些顾客会因服装有一些小问题而要求换货,为了不让矛盾升级或避免造成不良的影响,服装销售人员的做法如图 8-11 所示。

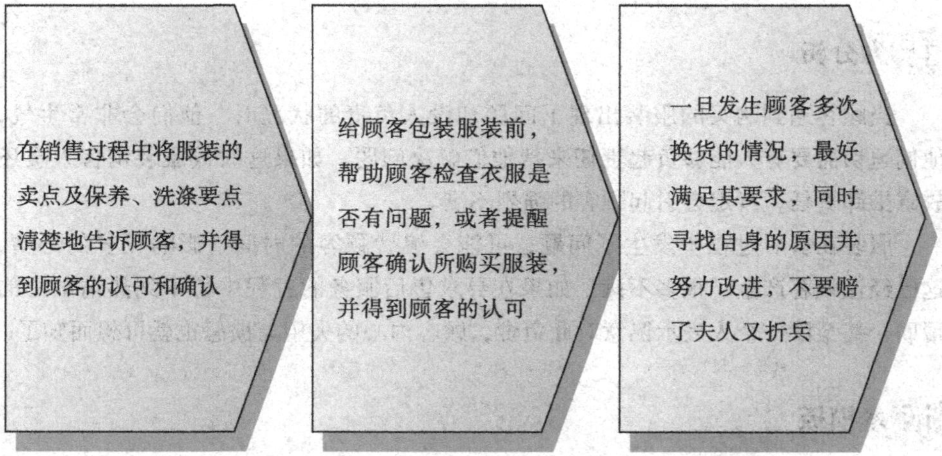

在销售过程中将服装的卖点及保养、洗涤要点清楚地告诉顾客,并得到顾客的认可和确认	给顾客包装服装前,帮助顾客检查衣服是否有问题,或者提醒顾客确认所购买服装,并得到顾客的认可	一旦发生顾客多次换货的情况,最好满足其要求,同时寻找自身的原因并努力改进,不要赔了夫人又折兵

图 8-11 服装销售人员避免顾客反复换货的应对措施

技巧运用 2 服装销售人员接待这类顾客时仍要热情礼貌,说话方式要委婉,既要把意思表达清楚,又不能得罪顾客。

第3节　抱怨和投诉这样做

情景097　买的时候很热情，出了问题就没人管了

情 景描述

某服装店内，一位顾客因为一件衣服的售后服务问题找上门来，却遭到服装销售人员的拒绝，说不是服装店的责任，让顾客去找厂家，顾客大怒："卖的时候你们很热情，现在出了问题就没人管了！"

行 为分析

当顾客遇到购买的服装出现了问题却没人负责的状况时，他们会非常生气，他们迫切需要有人能够负起责任来帮他们解决问题。如果这时候服装销售人员还故意推卸责任，肯定会引起顾客的强烈不满。

服装在售后过程中发生了问题，可能会浪费顾客的时间、影响顾客的心情，这已经让顾客产生了很多不满。如果在寻求售后服务的过程中得不到热情细心的帮助，甚至没一个人表示愿意对此负责，顾客内心的失望与愤怒也就可想而知了。

话 术模板

话术模板1　"小姐，您放心，我们对售出的服装都会负责到底，绝不会出现像您刚才说的情况。我现在就帮您处理，您别着急，先坐在这里休息一下，我先了解一下具体情况，您能描述一下具体发生了什么事情吗？"

※ 安抚顾客的情绪，表示一定会对售出的服装负责到底，然后再向顾客询问
　　具体情况，着手帮顾客解决问题。

话术模板2　"先生，这大热天的让您跑来跑去真是不好意思。您放心，我们一定会对售出的服装负责到底，您买的这件衣服的状况确实比较特殊，不过您别着急，先休息一下，我与厂家联系一下，看能不能争取为您换一件，好吧？"

※ 首先安抚顾客的情绪，然后积极帮助顾客与相关部门联系，帮顾客解决问题。

😞 错误提醒

错误提醒1 "这不是我们的责任，真帮不了你。"

※ 推卸责任，即使你真的没有责任，也有帮顾客解决问题的义务。

错误提醒2 "那是厂家的问题，你打电话和他们联系吧。"

※ 应积极帮助顾客与厂家联系。

错误提醒3 "这种情况肯定不是我们的问题，应该是你的使用方法不对导致的。"

※ 把责任推到顾客身上，容易引起双方的争吵，结果会对服装店不利。

技 巧运用

技巧运用1 顾客上门寻求售后服务时，服装销售人员应按以下思路来应对。如图 8-12 所示。

接待	顾客上门寻求售后服务时，服装销售人员应热情接待。虽然在销售过程中对顾客太热情有可能让顾客感觉不自在，但在售后服务中对顾客越是热情，就越能赢得顾客的信任，为服装店赢得良好的口碑
安抚	对于服装的售后出现问题的情况，服装销售人员首先应安抚顾客的情绪，表示自己一定会对售出的服装负责到底，让顾客安心。这样做能够让顾客在接下来配合你的工作，对解决问题、赢得顾客的理解和认可等都有很大的帮助
处理	顾客得到安抚，情绪平稳以后，服装销售人员就可以开始调查出现问题的具体原因，然后站在顾客的立场上寻求切实可行的解决方案

图 8-12 服装销售人员应对顾客上门寻求售后服务的思路

技巧运用2 服装销售人员在处理顾客怨诉的过程中，要站在顾客的立场上思

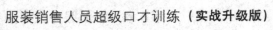

考问题，要明白此刻工作的目的就是为了让顾客满意，即使确实不是服装店的责任，服装销售人员也应积极帮助顾客与相关部门取得联系以解决问题。推卸责任是处理顾客怨诉工作中的大忌。

情景098 上次我买的毛衣，缩水很严重，真郁闷

情 景描述

某服装店内，一位老顾客走了进来。

服装销售人员："哎呀！张小姐，好久不见了，欢迎光临，里边请，最近还好吧？"

顾客："哼！我上次在你们店买的那件毛衣，缩水很严重，而且还起球，真让人郁闷！"

行 为分析

有时，顾客在穿着服装的过程中发现其品质并不像自己期望的那样，具体情况又不符合"三包"的退换货规定，所以只有在下次来这家服装店时将自己的不满情绪发泄出来。出现这种情况可能有两方面的原因，如图8-13所示。

顾客本身缺乏有关服装的基本知识，并且没有按照产品说明或服装销售人员的指导正确洗涤、保养服装	顾客在购买服装时，服装销售人员片面夸大服装的优点，没有正确介绍穿着或保养服装过程中需要注意的事项，导致出现了问题

图8-13　顾客发泄不满情绪的原因

话术模板

话术模板1 "对不起，张小姐，是这样的，一般质量好一点的纯羊毛毛衣都会有缩水现象，只要在国家规定的标准范围内都是正常的，所以我们一般都会建议顾客买大一点的尺码，这样就会刚好合身，这都怪我当时没跟您说清楚，真是非常抱歉！还有，这种纯羊毛的衣服也都会有起球现象，您下次洗的时候一定记得要翻过来洗……"

※ 真诚地向顾客道歉，平复顾客的情绪，再介绍一些服装穿着和保养的知识，真心帮顾客解决问题。

话术模板2 "是吗？这种情况我一定会向公司反映。请问您的毛衣缩水、起球的现象严重吗？……真是非常抱歉，当时我没有跟您说清楚，您以后在打理时一定要注意……"

※ 询问顾客具体情况，然后根据顾客的回答，指出顾客在穿着和保养过程中的一些注意事项，并真诚地向顾客道歉。

错误提醒

错误提醒1 "毛衣嘛，缩水、起球都是正常现象。"

※ 不负责任，会让顾客更加不满。

错误提醒2 "起球很严重吗？不是很严重的话就不属于质量问题，我们是没法帮你解决的。"

※ 推卸责任，将自己跟顾客对立起来。

错误提醒3 "对不起，那我也没有办法。"

※ 不够真诚，不能平复顾客的不满情绪。"

错误提醒4 "不会吧？一定是您的洗涤方法不当导致的。"

※ 推卸责任，没了解情况就确定是顾客的错误，容易引起顾客的不满。

技巧运用

技巧运用1 顾客在穿着服装的过程中发现了一些与自己期望不一致的情况，如起球、缩水等现象，面对此类情况，服装销售人员应主动承认自己的工作不到位，真诚地向顾客道歉，请求顾客原谅，同时介绍一些服装穿着或保养过程中的注意事项，避免以后再出现类似的问题。

技巧运用 2 扬长避短、避实就虚也是解决顾客抱怨的策略。服装销售人员向顾客道歉后，除告知顾客一些打理服装的技巧外，还要说明服装的优点，同时及时转移话题，如询问顾客"今天主要想看点什么"等，转移顾客的关注点。

技巧运用 3 顾客的抱怨并不可怕，相反，顾客提出抱怨说明他对你有期望，督促你的进步。所以，当遇到顾客抱怨时，要真诚地向顾客道歉，站在顾客的立场上考虑其所遇到的问题，并努力帮顾客解决问题。

情景 099 这么贵的服装，按要求洗怎么还褪色

情 景描述

服装销售人员："您好，李小姐，非常欢迎，好几天没见您了。"

顾客："哼，你还认识我就好！"

服装销售人员："当然认识您啦！怎么了李小姐，有什么不高兴的事情吗？"

顾客："前几天在你们这里买的这条牛仔裤，500 多元钱，这么贵的衣服，我买回去按要求洗还是褪色，你说怎么办？"

行 为分析

在顾客的心目中，服装的质量跟价格应该是成正比的，因为他们对服装知识不够了解，再加上购买时和服装销售人员的沟通不够充分，所以会认为像褪色、起球、缩水、变形等常见的小问题不会出现在高价服装上。但是，因为服装的材质、面料、保养方法等因素，这些小问题总是会或多或少地在不同价格的服装上出现，但只要在规定的标准范围之内，这些小问题都是正常现象。然而有些顾客只要购买了高价服装，他们就不能容忍这类情况出现，他们认为这是因为服装的质量存在问题，甚至认为自己被骗了或买到了假货。

话 术模板

话术模板 1 "李小姐，是这样的，为了让这条牛仔裤的色彩看起来更绚丽，设计师采用了一种特殊的染色技术，所以洗涤时都会有一些褪色。我刚才检查过您的这条牛仔裤，这个完全在质量保证标准范围内，所以您就放心吧，属于正常

现象。您看，这条裤子现在看起来是不是更自然了？设计师设计的时候已经考虑到这一点了。"

　　※ 耐心向顾客解释出现的问题属于正常现象。适用于一些特别明显、经过简单测试就能确定是正常现象的情况。

　　话术模板 2　"李小姐，非常感谢您把这个情况告诉我们，我会马上把这个情况反映给我们的领导。您放心，只要是服装质量有问题我们一定会负责到底。您先坐这里休息一下，我马上为您处理。"

　　※ 如果经过测试证明出现的问题是正常现象，可采用上述处理方式。如果的确是服装的质量存在问题，就应引导顾客换货。例如，"让您久等了，李小姐，我已经把问题反映给我们的领导了，为了不耽误您穿，我们经理答应给您换一款，您看看我们店里的裤子，再选择一款吧。"

😞 错误提醒

　　错误提醒 1　"这是正常现象！"

　　※ 没有说服力，顾客认为你在敷衍他。

　　错误提醒 2　"再贵的衣服也会褪色，我们那边有一条牛仔裤卖 1 000 多元呢，也会褪色。"

　　※ 没有说服力，不能帮顾客解决问题。

　　错误提醒 3　"正常洗涤应该不会啊，你是怎么洗的？"

　　※ 没有根据就假定出现的问题是顾客造成的，容易让双方陷入争吵。

技 巧运用

　　技巧运用 1　要相信来投诉的顾客并不是来找麻烦的，而是帮助你发现问题的。所以服装销售人员接待投诉的顾客时应热情、真诚，站在顾客的角度考虑问题。要耐心询问顾客，不要漫不经心甚至敷衍顾客。了解清楚问题出现的具体原因后，如果只是服装穿着或使用过程中的正常现象，应耐心向顾客解释清楚。如果是服装店的责任，应积极寻求顾客满意的解决方案。

　　技巧运用 2　处理顾客的投诉时时效性非常重要，顾客最痛恨的就是商家以各种借口拖延时间，服装销售人员一定要避免这一点。有时，服装在使用、洗涤过程中出现问题需要通过测试才能确定责任，服装销售人员应在最短的时间内完成这项工作，并且在整个过程中积极与顾客保持联系，确保沟通顺畅。

情景 100 投诉服装销售人员介绍服装时夸大其辞

情 景描述

某服装店内，一位顾客怒气冲冲地走进来说"你们当时卖给我这件衣服的那个服装销售人员呢？当时她骗我说这款毛衣绝对不会起球，你看看，我才穿了几天，这是什么？这叫不会起球吗？……"

行 为分析

在工作中，服装销售人员经常会遇到此类情况，出现这种情况的原因可能有以下三个方面，如图 8-14 所示。

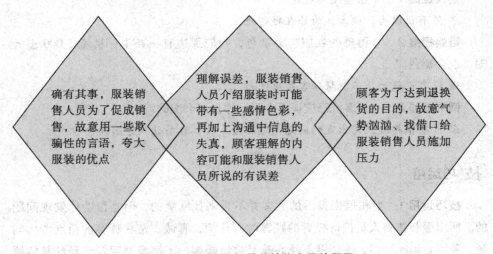

确有其事，服装销售人员为了促成销售，故意用一些欺骗性的言语，夸大服装的优点

理解误差，服装销售人员介绍服装时可能带有一些感情色彩，再加上沟通中信息的失真，顾客理解的内容可能和服装销售人员所说的有误差

顾客为了达到退换货的目的，故意气势汹汹、找借口给服装销售人员施加压力

图 8-14 顾客投诉服装销售人员的原因

无论是哪种原因，如果服装销售人员和顾客就此争论，问题是不可能得到解决的，只会引发双方争吵。服装销售人员应积极寻求帮顾客解决问题的办法，重新树立顾客对服装的信心。

话术模板

　　话术模板 1　"是这样啊，真是抱歉，难怪您会生这么大的气。您别着急，只要是服装的质量有问题我们一定会负责到底的，让我看看……嗯，这种纯羊毛的毛衣起球是正常现象，只要在标准范围之内就没有问题，这可能是我们的服装销售人员当时没跟您说清楚，真是对不起。不过您放心穿好了，只是您下次再洗的时候注意……"

　　※ 真诚地向顾客道歉，并说明服装出现这种问题是正常现象。这一方法适用于顾客只是和服装销售人员之间有一些小误会，服装并不存在质量问题时。

　　话术模板 2　"发生这样的事情真是非常抱歉。不过您放心，如果确实有质量问题，我们一定会负责到底的，您先坐这里休息一会儿，我们需要检测一下……"

　　※ 真诚地向顾客道歉，并安抚顾客的情绪，然后检查服装是否有质量问题。如果有，就按规定给顾客退换货或赔偿；如果确实没有，应耐心向顾客解释这些问题是正常现象，告诉顾客这是一个误会，让他不必担心。

　　话术模板 3　"发生这样的事情真是非常抱歉，不过这种现象完全是正常的。至于当时给您介绍服装的那个服装销售人员，我们一定会处罚她。您先消消气，我叫她过来给您道个歉，好吗？"

　　※ 如果顾客坚持服装销售人员曾经"欺骗"了他，而服装并没有质量问题时，应用此方法让当事人向顾客道歉，并尽量劝说顾客不要做退换货处理。

错误提醒

　　错误提醒 1　"他当时跟您这么说的？不会吧，一定是您听错了。"

　　※ 反驳顾客，容易使双方陷入争吵。

　　错误提醒 2　"是吗？那你找他过来当面对质吧。"

　　※ 节外生枝，会让事情更难处理。

　　错误提醒 3　"他那么说也没有错，这款服装……"

　　※ 有推卸责任的意味，这时不应讨论是否存在欺骗顾客的行为。

　　错误提醒 4　"就为这个呀！毛衣起球很正常，这才能说明面料好。"

※ 说服力不够，有意挑起事端。

技 巧运用

技巧运用1 面对顾客的投诉，服装销售人员不要和顾客纠缠是否存在欺骗的行为，最关键的是顾客已经对服装产生了不满，处理关于服装的问题才是核心所在。

技巧运用2 服装销售人员应首先查看服装是否真的存在质量问题。如果有，应马上给顾客退换货或赔偿并道歉；如果没有，应耐心向顾客解释，设法让他重新树立对服装的信心。如果顾客坚持服装销售人员曾"欺骗"了他，无论事实如何，都应让当事人向顾客道歉，必要的情况下做退换货处理。